JOE PAF

PREPARAR
CORAZONES
Y MENTES

9 IDEAS SENCILLAS PARA QUE LOS CATEQUISTAS CULTIVEN UNA FE VIVA

LOYOLAPRESS.
UN MINISTERIO JESUITA
Chicago

LOYOLA PRESS.
UN MINISTERIO JESUITA

3441 N. Ashland Avenue
Chicago, Illinois 60657
(800) 621-1008
www.loyolapress.com

Diseño interior y de la portada: Loyola Press
Imagen de la portada: Yasonya/iStockphoto/Getty Images, natrot/iStockphoto/Getty
Images, and rimglow/iStockphoto/Getty Images.

Viñetas por Leighton Drake
Viñetas: © 2020 Loyola Press.

Título original en inglés: *Preparing Hearts and Minds: 9 Simple Ways for Catechists to Cultivate a Living Faith* (Chicago: Loyola Press, 2018). Traduccion al castellano de Loyola Press.

Los textos bíblicos de esta obra corresponden a *La Biblia de nuestro pueblo* (© 2007 Pastoral Bible Foundation y, © 2007 Ediciones Mensajero).

ISBN-13: 978-0-8294-5009-5
Número de Control de la Biblioteca del Congreso USA: 2020948135

Impreso en los Estados Unidos de América.

20 21 22 23 24 25 26 27 28 29 LSC 10 9 8 7 6 5 4 3 2 1

DEDICATORIA

Dedico este libro a Barbara y a Jim Campbell, quienes me enseñaron

a preparar la tierra, sembrar las semillas de la Palabra de Dios,

nutrir su crecimiento y recoger la cosecha.

ÍNDICE

Reconocimientos vii

Introducción:
trabajar la tierra de los corazones y las mentes cerradas .. ix

Capítulo 1   Proclamar un camino mejor:
una alternativa al quebrantamiento 1

Capítulo 2   Presentar a Jesucristo como un Salvador
en quien podemos confiar 15

Capítulo 3   Relatar los hechos importantes de Jesús,
pasados y presentes 29

Capítulo 4   Presentar la clave para una nueva vida:
dar la nuestra 45

Capítulo 5   Proclamar la Resurrección
como la causa de nuestro gozo 61

Capítulo 6   Extender la invitación
para seguir a Jesús más de cerca 73

Capítulo 7   Apuntar al corazón 85

Capítulo 8   Cimentar y profundizar un compromiso
para una mejor forma de vida 101

Capítulo 9   Equipar y empoderar
a la próxima generación de evangelizadores 119

Bibliografía 139

RECONOCIMIENTOS

Me gustaría agradecer a las siguientes personas: a Leighton Drake, por proporcionar una vez más tan excelentes y atractivas ilustraciones para enriquecer este libro; a Joe Durepos, por echar las cosas a andar justo antes de partir hacia nuevos horizontes (jubilación); a Carrie Freyer, por convencerme a hacer de este libro uno más en la familia de "La caja de herramientas"; a María Cuadrado, por guiar el manuscrito a lo largo del proceso de aprobación; a Vinita Hampton Wright, por brindar una vez más una excelente edición; a Meghan Murphy-Gill, por la corrección de texto; y a Donna Antkowiak, por el hermoso diseño de este libro.

Cuando la tierra se compacta, las semillas no pueden echar raíces. A menos que la tierra esté suelta, el aire, el agua y los nutrientes no pueden ser absorbidos y las semillas que logran germinar no pueden perforar la superficie del suelo.

De tal forma que la Palabra de Dios penetre

De manera similar, las semillas de la Palabra de Dios no pueden echar raíces en los corazones que se han endurecido. En el mundo cada vez más secular de hoy, los corazones y las mentes se han ido compactando y son mucho más difíciles de penetrar. Como resultado, gran parte de nuestro trabajo en la formación en la fe es como la semilla que cayó en terreno pedregoso: no puede echar raíces (Mateo 13:5–6).

Si queremos que las semillas de la Palabra de Dios echen raíces, necesitamos preparar la tierra de los corazones y las mentes de las personas para que la Palabra de Dios penetre, se eliminen los obstáculos que compiten por la nutrición y la fe se arraigue, perfore la superficie y crezca, transformando el mundo. Demasiados de nuestros esfuerzos en la formación en la fe se centran en encontrar formas de sembrar más semillas o encontrar semillas más grandes y mejores para sembrar, cuando lo que realmente necesitamos es preparar la tierra.

> Nuestros esfuerzos en la formación en la fe se centran en encontrar formas de sembrar más semillas o encontrar semillas más grandes y mejores para sembrar, cuando lo que realmente necesitamos es preparar la tierra.

Parece que tenías razón al hablar del suelo duro.

¿Qué ha cambiado?

A pesar de la alarmante disminución del número de personas que se adhieren a la fe católica, nosotros, como Iglesia, continuamos —en gran medida— sembrando la Palabra de Dios más o menos como lo hemos hecho desde el siglo pasado, cuando la tierra en la que solíamos sembrar fue muy diferente de la tierra que pisamos hoy. En tiempos pasados, era suficiente (o al menos creíamos que lo era) enfocar nuestros esfuerzos casi exclusivamente en enseñar a los niños, confiando en un enfoque académico (enfatizando la ortodoxia doctrinal) una vez a la semana por 60 a 90 minutos en un programa de educación religiosa parroquial o por 30 a 45 minutos al día en una

Hoy, seguimos confiando en un modelo de formación en la fe que sirvió bien a la Iglesia hace 50 o 75 años, pero ahora es lamentablemente inadecuado y está mal preparado para formar discípulos de Jesucristo.

En mis tiempos

El enfoque tradicional para sembrar las semillas de la fe funcionó bien en una época anterior porque la tierra tenía las siguientes cualidades:

> Las personas estaban acostumbradas a vivir en comunidades predominantemente homogéneas y, en su mayor parte, compartían los mismos valores y tradiciones.

> Uno de los padres (normalmente la madre y frecuentemente alguno de los abuelos) se quedaba en casa y asumía la responsabilidad de impartir a los niños no solo los valores católicos, sino también las prácticas, devociones y tradiciones.

> El tipo de información que llegaba al hogar (y los conflictos de valores) era fácilmente controlado antes de la televisión por cable, el internet y los medios de comunicación social.

> El respeto a la autoridad, incluyendo el clero y la jerarquía de la Iglesia, era generalizado e incuestionable.

> El sistema de educación pública de los EE.UU. tendía a reflejar valores cristianos (aunque de índole protestante).

> Asistir a misa los domingos tenía poca o nula "competencia".

escuela católica. Hoy, seguimos confiando en un modelo de formación en la fe que sirvió bien a la Iglesia hace 50 o 75 años, pero ahora es lamentablemente inadecuado y está mal preparado para formar discípulos de Jesucristo en un mundo complejo que cambia con rapidez, se aleja cada vez más del cristianismo y que ha dejado de ser receptivo al pensamiento cristiano.

> **"El instante en el que sales de la iglesia el domingo, estás en campo de misión"**
> —Obispo Robert Barron

En su libro *Will Our Children Have Faith?* [¿Tendrán fe nuestros hijos? (v.d.t.)] el autor John Westerhoff explica que una "ecología de las instituciones" —un ecosistema, por decirlo así— apoyaba la práctica de la fe cristiana. El suelo, por supuesto, es un ecosistema: un entorno físico que contiene una red compleja de organismos. El suelo del siglo XXI ya no incluye los organismos (las instituciones) que alguna vez proporcionaron un ecosistema sostenible para la Palabra de Dios. Como resultado, los corazones que una vez estuvieron abiertos a la fe se han cerrado. La tierra necesita ser arada —preparada— si va a convertirse nuevamente en un ambiente que pueda sostener la Palabra viva de Dios. Para que esto suceda, vamos a necesitar algunas estrategias nuevas para formar la fe.

Las personas necesitan señales

Entonces, cuando se trata de abordar esta misión de preparar la tierra, ¿por dónde comenzamos? Me gustaría sentar las bases de nuestra conversación comparando el desafío que enfrentamos hoy con el desafío que alguien más enfrentó hace cien años. Claude C. Hopkins, descubrió un enfoque para comercializar de manera más eficaz un producto, la pasta de dientes Pepsodent, a un público que hasta ese momento simplemente no era receptivo a la idea de cepillarse los dientes. El sr. Hopkins decidió agregar un ingrediente a la pasta de dientes Pepsodent que hacía que la lengua hormigueara y le proporcionaba un refrescante sabor a menta. El ingrediente no hacía nada para prevenir las caries, pero creó un desencadenante: proporcionaba a las personas una sensación que indicaba que algo sucedía cuando se cepillaban los dientes; podían sentir, saborear y oler un resultado tangible y experimentar una "recompensa" inmediata al cepillarse los dientes. Los expertos en

¿Cómo hicieron eso?

Los discípulos entendían que las personas necesitaban ver una señal de la transformación que el Espíritu Santo provocaba en ellos. La razón por la que tres mil personas se unieron a ellos en ese primer Pentecostés fue porque esas personas vieron que los discípulos habían descubierto una mejor forma de vida. Los discípulos deberían haber tenido miedo, pero no lo tenían; deberían haberse sentido tristes, pero no lo estaban. Sus palabras, acciones y actitudes fueron desencadenantes para aquellos que desean una mejor manera de vivir.

el marketing saben que los consumidores aprecian (y, de hecho, exigen) "algún tipo de señal del que un producto está funcionando" (Tracy Sinclair). El enfoque del Sr. Hopkins fue tan efectivo que explica por qué, cien años después, cepillarse los dientes es una rutina diaria para la mayoría de las personas.

Unos milenios antes de que Hopkins apareciera en la escena, Jesús de Nazaret y luego sus seguidores, conocidos como "el Camino", entendieron que este concepto de que las personas necesitan evidencia concreta de que lo que se les invita a considerar será una inversión valiosa y de hecho necesaria. Las personas necesitan señales.

> El kerigma es una proclamación simple, básica, audaz e inspiradora que invita a las personas a considerar una mejor manera de vivir.

Jesús mismo insistió: "No se enciende una lámpara para tenerla escondida [o bajo un cajón], sino que se pone en el candelero para que los que entren vean la luz". (Lucas 11:33). Jesús usó señales para que las personas las vieran. Cuando Juan el Bautista preguntó si Jesús era "el que había de venir". "Jesús respondió: 'Vayan a contar a Juan lo que ustedes ven y oyen: los ciegos recobran la vista, los cojos caminan, los leprosos quedan limpios, los sordos oyen, los muertos resucitan, los pobres reciben la Buena Noticia'" (Mateo 11:4–5).

Un mensaje evangelizador

La proclamación de los discípulos de una realidad alternativa para las personas que aún no conocían a Jesucristo se conoce como el kerigma, una palabra griega que significa "anuncio" o "proclamación". El kerigma es una proclamación simple, básica, audaz e inspiradora, y una oferta de la gracia de Dios que invita a las personas a considerar una mejor manera de vivir en relación con Cristo resucitado. Es un mensaje evangelizador: un mensaje diseñado para lograr la conversión. ¿Dónde podemos ver esta estrategia utilizada efectivamente hoy? Desafortunadamente, no la vemos tanto en la Iglesia como en el mundo secular. Gracias a Claude C. Hopkins, esta estrategia se utiliza regularmente en el mundo del marketing, más específicamente, a través de comerciales de televisión que continuamente nos prometen una mejor manera de vivir

Para demostrar la fórmula de esta estrategia, permítame intentar venderle un producto imaginario diseñado específicamente para catequistas como usted. Preste mucha atención al siguiente guion y luego le diré por qué es *kerigmático*.

¡Atención catequistas! ¿Está cansado de sentir que sus lecciones están en descenso? ¿Está cansado y agotado por los estudiantes que simplemente no parecen estar interesados? Si es así, ¡debe probar el nuevo cereal Catequétic-Os!

Hola, soy Joe Paprocki, autor del exitoso libro *La caja de herramientas del catequista* y del longevo blog, "The Catechist's Journey". He trabajado en el ministerio de la catequesis por más de cuatro décadas, y sé por lo que está pasando. Por eso inventé Catequétic-Os, un cereal hecho especialmente para catequistas y cargado con los ingredientes esenciales que usted necesita para ser creativo, innovador e interesante como catequista. Después de solo una semana de comer Catequétic-Os, le garantizo que desarrollará la capacidad de planificar e implementar sesiones de formación en la fe que harán que sus estudiantes se pregunten si es la reencarnación de uno de los doctores de la Iglesia.

¿En qué se diferencian los Catequétic-Os de otros cereales? Es el único cereal que incluye un ingrediente secreto llamado Evangelat-O, que es como tener cincuenta catequistas en su cabeza que lo ayudan a estimular la creatividad y la innovación a niveles a los que incluso el catequista más experimentado solo podría aspirar. Póngale fin a las aburridas sesiones que están causando trágicamente que los jóvenes se alejen de la Iglesia en

(continúa en la siguiente página)

---

números alarmantes después de la Confirmación. ¡Compre su primera caja de Catequétic-Os ahora por solo $9.99 y vea cómo los discípulos comienzan a aparecer a su alrededor!

¡Pero espere! ¡Aún hay más! Ordene en los próximos quince minutos y reciba gratis una botella de Batido de Catequétic-Os para aquellos momentos en los que necesita un impulso adicional para las lecciones importantes como la preparación sacramental.

¡Sus estudiantes se merecen un catequista con pasión! Todo lo que necesita es un tazón al día. ¡Únase al creciente ejército de catequistas satisfechos que funcionan con Catequétic-Os y libere a su Carlos Borromeo interior! Para pedir su primera caja de Catequétic-Os llame al número que aparece en pantalla o visite www.catequeticos.com. ¡No se sentirá decepcionado y, en poco tiempo, le dirá a otros catequistas que se unan al programa Catequétic-Os ! ¡No demore ni un momento más!

Nueve estrategias que "atraen"

Antes de salir a buscar el sitio web de Catequétic-Os (que no existe), permítame señalarle nueve estrategias del marketing que se pueden encontrar en este guion, que son formuladas en anuncios de televisión y que buscan atraer clientes potenciales a una "mejor manera" de vivir:

> "Hablen con los demás de la verdad que les hace libres".
> —PAPA BENEDICTO XVI

➕ Señale que el proceder actual de los clientes potenciales no funciona o es insatisfactorio, debe repararse, arreglarse o reemplazarse, y aquí está la solución ("¿Está cansado de . . .?", "Debe probar . . .").

➕ Asegúrese de que este mensaje e invitación provenga de una fuente confiable ("Hola, soy . . .").

➕ Prometa y demuestre cosas increíbles que ofrece esta "mejor manera" ("Después de solo una semana . . .").

+ Haga una afirmación sobre esta "mejor manera" que es tan increíble que desafíe la lógica ("Póngale fin a . . .").

+ Prometa que la historia se pone aún mejor ("¡Pero espere! ¡Aún hay más!").

+ Invite a clientes potenciales a esta mejor manera de vivir ("Únete . . .").

+ Céntrese en el corazón y provoque emociones que conducirán a un cambio de actitud ("Sus estudiantes se merecen . . .").

+ Prometa que la vida de los clientes potenciales nunca será la misma, pero deberán comprometerse con esta mejor manera de vivir ("Todo lo que necesitas es un tazón al día . . .").

+ Asegure que los clientes potenciales estarán tan satisfechos que se sentirán comprometidos a persuadir a otros para que adopten esta mejor manera de vivir ("Vea cómo los discípulos comienzan a aparecer a su alrededor . . .").

¿Por qué los vendedores y anunciantes siguen esta fórmula de nueve estrategias? ¡Porque funcionan! Después de 30, 60 o 90 segundos de un anuncio que sigue esta fórmula, un número variable de personas se predispone a comprar el producto o servicio anunciado, mientras que muchos otros se interesan lo suficiente como para archivar la información en sus cabezas (o en su carrito de compras en línea) para una posterior consideración. La razón por la que tantas personas usan el teléfono o se conectan en línea y solicitan productos, recursos y servicios después de ver un comercial sobre estos es que, como el kerigma, la estrategia es eficaz: es una proclamación simple, básica, audaz e inspiradora, diseñada para invitar a las personas a considerar una mejor forma de vivir que será posible únicamente gracias al producto o servicio que se promociona. Es una estrategia de "evangelización": diseñada para convertir a las personas, (es decir, cambiar su pensamiento y comportamiento) para que compren el producto o servicio en venta.

En el lenguaje de la Iglesia, usamos el término pre-evangelización para describir el trabajo que debe hacerse antes de la evangelización y la catequesis completas. Desafortunadamente, en nuestro afán de evangelizar y catequizar como Iglesia, a menudo nos hemos olvidado de pre-evangelizar.

> Nos guste o no, el mundo de los negocios y muchas otras entidades en el mundo secular están evangelizando, y estamos compitiendo con ellos por los corazones y las mentes

En pocas palabras, la pre-evangelización es el trabajo de preparar a las personas (predisponerlas) para recibir la Buena Nueva de Jesucristo. El ministro pastoral y autor Matthew Halbach escribe: "Un proceso de evangelización que comienza con una proclamación inicial del Evangelio corre el riesgo de sembrar la semilla de la Palabra de Dios en tierra no labrada, lo que pone en peligro la calidad de la conversión" [v.d.t.] "En otras palabras, antes de que se anuncie la Buena Nueva, se necesita tiempo para preparar a otros para recibir plenamente su mensaje" [v.d.t] ("New Pope, New Evangelization, New Return to Old (but Good) Ideas" [Nuevo Papa, nueva evangelización, nuevo retorno a las ideas antiguas (pero buenas)], Catechetical Leader [Líder Catequético], septiembre de 2013). La pre-evangelización se centra, no tanto en la instrucción catequética, sino en forjar una conexión, despertar el deseo, estimular el interés, inspirar la imaginación y eliminar obstáculos, todo mientras se evita la terminología de la Iglesia. La pre-evangelización llama la atención sobre cuestiones relacionadas con las necesidades humanas básicas, como la seguridad, el amor y la aceptación, así como los deseos propios de las personas de bondad, esperanza, amor, verdad, belleza, significado y propósito. El objetivo es establecer una relación de confianza y sentar las bases para la proclamación del Evangelio y la eventual instrucción catequética formal.

¡Oye, esa es *nuestra* palabra!

Si cree que estoy exagerando con esta metáfora, pregúntese por qué hay un libro disponible en la sección de negocios de Amazon.com que no tiene nada que ver con la religión, titulado Creando clientes evangelizadores [v.d.t.] [*Creating Customer Evangelists*]. Nos guste o no, el mundo de los negocios y muchas otras entidades en el mundo secular están evangelizando, y estamos compitiendo con ellos por los corazones y las mentes. Tenga en cuenta, sin embargo, que no estoy abogando por volvernos vendedores hábiles que hablan rápido, imitando los comerciales de televisión. Estoy señalando que los esfuerzos modernos del marketing emplean una estrategia que fue utilizada efectivamente por la Iglesia de los primeros siglos para invitar a las personas a unirse al Camino y que necesitamos recuperar nuestro carisma evangelizador.

Podemos aprender algo sobre la pre-evangelización del mundo del marketing, el cual reconoce la realidad de lo que ellos llaman "el recorrido del cliente". Los especialistas en el marketing saben que, si bien algunas compras se realizan por impulso, los clientes se toman su tiempo cuando se trata de grandes inversiones y necesitan hacer su investigación. En respuesta, los especialistas en el marketing han desarrollado una herramienta conocida como "el embudo de ventas" para encontrar a las personas allí donde están en su recorrido. Este embudo generalmente consta de cuatro pasos, que de diversas maneras corresponden a las cuatro etapas del rito de la iniciación cristiana de adultos (RICA). Indagación (hacer una búsqueda), catecumenado (colocar algo en el "carrito" pero aún no estar listo para proceder a "finalizar la compra"), purificación e iluminación (completar la compra) y mistagogia (regresar para obtener más información y consejos, valor agregado y publicar comentarios y retroalimentación para el beneficio de otros). Demos un vistazo más de cerca a estos cuatro pasos:

➕ **Conocimiento.** Debido a que este recorrido del cliente comienza con la búsqueda de información, la primera estrategia del embudo de ventas es crear conocimiento sobre dos cosas: las necesidades del consumidor y la solución del vendedor para esas necesidades. La meta de este primer paso es educar al cliente potencial, mostrarle el valor del producto o servicio y establecer una relación. Esta es la esencia de la pre-evangelización mediante la cual el suelo de los corazones y las mentes de las personas se suelta y se prepara.

➕ **Consideración.** A medida que los clientes potenciales se vuelven más conscientes de las opciones disponibles, el segundo paso del embudo de ventas es invitarlos a la consideración, ahí el objetivo es profundizar su relación con ellos, presentarles su producto o servicio y personalizar o adaptar la conexión entre lo que usted ofrece y lo que necesita el cliente (focalización). Esto se puede comparar con el período de catequesis y de evangelización que sigue la pre-evangelización.

➕ **Conversión.** Luego, después de que los clientes potenciales hayan aprendido sobre el valor y los beneficios de su producto o servicio y cuál será el costo para ellos, el tercer paso del embudo de ventas es invitarlos a la conversión (nuevamente, aquí vemos ese vocabulario "religioso") donde el cliente toma una decisión sobre la compra. En el RICA, esta decisión de comprometerse con Jesús se finaliza durante el tiempo de la purificación y de la iluminación (la Cuaresma) y se ritualiza con los sacramentos de la Iniciación en la Vigilia Pascual (recuerde cómo los departamentos de ventas tienen el ritual de tocar una campana cada vez que se finaliza una venta).

➕ **Lealtad y apoyo**. Los buenos especialistas en el marketing saben que el recorrido del cliente no debe terminar con la compra; la relación debe continuar. Como resultado, el cuarto paso del embudo de ventas se conoce como lealtad y apoyo. La meta aquí es retener a los clientes e infundir lealtad deleitándolos con información y recursos útiles y continuos que con algo de suerte los impulsarán a promocionar voluntariamente su producto o servicio e invitar a otros a considerarlo. Una de las razones por las que muchas personas "abandonan" después de recibir la Confirmación o completar el RICA es porque nosotros, como Iglesia, a menudo actuamos como si la "venta" ya se hubiera completado y pasamos al siguiente grupo de clientes potenciales. Una Iglesia evangelizadora busca formas de construir, mantener y fortalecer la relación con todos sus miembros, ofreciéndoles formación continua: conocimiento, habilidades y recursos para nutrir su espiritualidad y profundizar su relación con Jesús y la Iglesia, para que participen, promuevan el Evangelio e inviten a otros a considerar el discipulado, desencadenando nuevamente el ciclo.

Teniendo en cuenta todo ese proceso, volvamos nuestra atención al primer paso: la pre-evangelización, que es donde comenzamos a preparar los corazones y las mentes. Este paso se caracteriza por un diálogo honesto, informal, sin prejuicios y sin confrontación, en vez de una presentación de la doctrina formal. Un buen ejemplo de esto me lo dio un amigo sacerdote cuando dijo que durante años había comenzado sus sesiones de preparación para el Matrimonio preguntándole a la pareja por qué querían casarse por la iglesia. Con el tiempo se dio cuenta de que esta pregunta inmediatamente ponía a las parejas nerviosas mientras buscaban la respuesta correcta que permitiera que el proceso avanzara. El sacerdote cambió su enfoque y ahora comienza las sesiones pidiendo a las parejas que compartan cómo se conocieron y se enamoraron. El primer enfoque se centraba en lo

> La pre-evangelización se caracteriza por un diálogo honesto, informal, sin prejuicios y sin confrontaciones

Un diálogo espiritual

Un diálogo espiritual se puede iniciar con las siguientes preguntas:

1. ¿Quién ha sido una inspiración en su vida?
2. ¿Cuáles han sido los grandes hitos en su vida?
3. ¿Qué es lo que más le gusta o más disfruta de lo que hace?
4. ¿Quién o qué lo ha convertido en la persona que es hoy?
5. ¿Qué lecciones ha aprendido como resultado de . . .?
6. ¿Qué lo hace feliz?
7. ¿Qué sueños aún desea realizar?

Eventualmente, las preguntas pueden centrarse más en Dios, como:

1. ¿Cómo describiría su relación con Dios en este momento?
2. ¿Qué obstáculos impiden su camino para acercarse a Dios?
3. ¿Quién es su santo favorito?
4. ¿Cuál es su pasaje favorito del Evangelio?

Un párroco anciano y cascarrabias asistió a regañadientes a un taller de evangelización buscando estrategias para detener la creciente marea de familias jóvenes que ya no asistían a la misa dominical. De todas las estrategias, seleccionó una que implicaba visitar los hogares de los antiguos feligreses para cenar con ellos, pensando: "Al menos, obtendré una buena comida de la experiencia". Cuando el párroco llegó a la casa de una familia, los padres lo invitaron a sentarse en la sala de estar con su hijo pequeño mientras ellos preparaban la comida en la cocina. Al no estar seguro de cómo conversar con el niño, el párroco le preguntó qué estarían preparando para la cena. El niño respondió: "Gallo". "¿Gallo?", preguntó el párroco sorprendido. "¿Estás seguro de eso?" "Sí", dijo el niño. "Cuando mis padres se preparaban para el trabajo esta mañana, mi mamá le dijo a mi papá: 'Recuerda, esta noche cenaremos con el gallo viejo'".

que la Iglesia desea, necesita, espera y requiere. El segundo enfoque, que se centra en la pareja y su historia, dio como resultado la confianza, un sentimiento de afirmación y el comienzo de una relación con la Iglesia. Así, el sacerdote inició una conversación espiritual, una que fomentó la confianza y una sensación de seguridad y respeto. Dentro de un contexto como este, se vuelve natural y menos intimidante que un ministro pastoral eventualmente invite a los participantes a orar con él o ella y a compartir intercesiones (orar por las necesidades de otros). La meta de la pre-evangelización es sentar las bases para avanzar hacia una exploración más profunda y formal de la fe católica, pero eso no puede suceder a menos que se hayan preparado los corazones y las mentes.

Convertirse en catequistas evangelizadores

A medida que avancemos en este libro, iré explorando las nueve estrategias del kerigma —la primera proclamación del Camino de los discípulos a las personas que aún no se habían encontrado con Cristo— que los catequistas podemos y debemos usar en nuestra formación de fe para ser catequistas más evangelizadores, que saben cómo preparar los corazones y las mentes. Así como los consumidores necesitan algún tipo de señal de que un producto está funcionando, a aquellos a quienes enseñamos necesitan algún tipo de señal de que seguir a Jesús es la mejor manera de vivir.

Acompáñeme y miremos estas nueve estrategias que están en el corazón del increíblemente efectivo kerigma: la primera proclamación de la Buena Nueva de Salvación por parte de los discípulos que efectivamente "prepararon la tierra" y predispusieron los corazones y las mentes para aceptar el mensaje del Evangelio y cimentaron las bases de más de dos mil años de cristianismo:

1. Estrategia #1. Señalar que el "camino" actual de los creyentes potenciales está roto o es insatisfactorio y necesita ser reparado o reemplazado. (Comenzamos enfocándonos en nuestro propio quebrantamiento humano y proclamamos una mejor manera de ser humanos: una alternativa conocida como el Reino de Dios).

2. Estrategia #2. Asegurar que este mensaje e invitación provengan de una fuente confiable. (Ofrecemos la seguridad de que Jesucristo, el Hijo de Dios, es nuestro Salvador y que él y sus discípulos —la Iglesia— son confiables).

3. Estrategia #3. Prometer y demostrar cosas increíbles que ofrece este "mejor camino". (Contamos las historias de Jesús sanando a los enfermos, abriendo los ojos de los ciegos, calmando las tormentas, caminando sobre las aguas y cambiando nuestras propias vidas).

4. Estrategia #4. Hacer una afirmación sobre este mejor camino que sea tan increíble que desafíe la lógica. (Explicamos que Jesús murió por nosotros para que pudiéramos tener vida eterna).

5. Estrategia #5. Prometer que la historia se pone aún mejor (Pero espere, ¡aún hay más!). (Proclamamos que Jesucristo resucitó de entre los muertos y vive y permanece con nosotros).

6. Estrategia #6. Invitar a creyentes potenciales a este mejor camino y forma de vida. (Hacemos una invitación para que su vida se transforme siguiendo este mejor camino de Jesús).

7. Estrategia #7. Centrarse en el corazón y provocar sentimientos que conducirán a un cambio de actitud. (Invitamos a las personas al arrepentimiento: un abandono de las viejas formas para adoptar un mejor camino).

8. Estrategia #8. Prometer que la vida de los creyentes potenciales nunca será la misma, pero que necesitarán comprometerse con este mejor camino y forma de vida. (Ofrecemos oportunidades para la profundización continua de esta relación con Jesucristo).

9. Estrategia #9. Afirmar que los creyentes potenciales estarán tan satisfechos que se sentirán impulsados a persuadir a otros para que adopten esta mejor forma de vida. (Empoderamos a otros para compartir este mejor camino con otras personas).

Hoy más que nunca, el mundo necesita ver evidencia de que hay un "mejor camino" —una forma diferente de ser humano que no se guía por los valores y las filosofías en bancarrota de un mundo quebrantado, sino por el mensaje vivificante del amor desinteresado y redentor que Jesucristo anunció—. Esta es la búsqueda del catequista evangelizador: proporcionar evidencia convincente de que hay un mejor camino, el

> Hoy más que nunca, el mundo necesita ver evidencia de que hay un "mejor camino"

camino de Jesucristo, que supera todos las demás. Y así estas nueve estrategias, realizadas efectivamente, "preparan la tierra" para que los corazones y las mentes puedan volverse más receptivas a la Buena Nueva de Jesucristo.

Antes de continuar, una breve exhortación

Proclamar el Evangelio nunca ha sido fácil. Y parece ser cada vez más difícil. Estoy seguro de que estará de acuerdo conmigo en que, en los últimos tiempos, se ha vuelto abrumador y difícil proclamar la Buena Nueva de Jesucristo dado el daño aparentemente irreparable que la Iglesia Católica Romana ha sufrido como resultado del escándalo de abuso sexual por parte del clero y su encubrimiento por parte de los líderes de la iglesia. Sin embargo, en mis viajes por todo el país, sigo conociendo a innumerables catequistas y ministros pastorales como usted, que continúan trabajando arduamente sin dejarse intimidar cuando se trata de cumplir con nuestro llamado bautismal de proclamar el mensaje del Evangelio a los demás con palabras y hechos. ¿Nos sentimos desilusionados? A veces. ¿Estamos tristes? Sí. ¿Estamos enojados? ¡Claro que sí! ¿Nos estamos rindiendo? ¡Claro que no! Sabemos que, si bien la iglesia ha sido dañada, Jesús y su mensaje de vida son invulnerables. Y tenemos la intención de continuar proclamando la Buena Nueva a todos los que buscan un mejor camino

Para lograr eso, sin embargo, vamos a necesitar aflojar el suelo compactado de los corazones y las mentes para predisponer a las personas a ser receptivas a la Palabra de Dios. Durante las últimas décadas, he tenido el privilegio de viajar con un ejército de no menos de medio millón de catequistas, conforme intentamos ser más eficaces para proclamar el Evangelio. Durante ese tiempo, nunca vi desafíos tan grandes como los que enfrentamos hoy, desafíos que han convencido a muchas personas de cerrar sus mentes y sus corazones al mensaje del cristianismo. ¡Los agricultores y jardineros saben que el suelo compactado puede volver a dar fruto, pero no sin una labranza responsable! Estoy convencido de que, con la ayuda y la guía del Espíritu Santo, podemos preparar eficazmente el suelo de los corazones y las mentes para crear un ambiente fértil para la siembra de las semillas de la Palabra de Dios. Al hacerlo, "por todas partes nos aprietan, pero no nos aplastan; andamos con graves preocupaciones, pero no desesperados; somos perseguidos, pero no desamparados; derribados, pero no aniquilados" (2 Corintios 4:8–9). La Buena Nueva es que el pecado y la muerte no tienen la última palabra. Nuestra iglesia institucional puede estar quebrantada, pero prevalece el Espíritu de nuestro Señor Jesucristo —un Espíritu de caridad, alegría, paz, paciencia, afabilidad, bondad, benignidad, mansedumbre, fidelidad, modestia y templanza—. De la muerte viene una nueva vida. Y usted y yo estamos llamados a dar testimonio de eso hasta los confines del mundo. ¡Vamos a trabajar preparando la tierra en los campos del Señor!

> **¡Vamos a trabajar preparando la tierra en los campos del Señor!**

Preguntas para la reflexión y el diálogo

> En su opinión, ¿qué ha causado que el "suelo" de los corazones y las mentes de las personas se haya "compactado" o vuelto menos receptivo a la práctica de la fe que en el pasado?

> ¿Cómo entiende la pre-evangelización? ¿Cómo se diferencia de la evangelización como tal?

> ¿Qué cambios en el "suelo" de la sociedad y la cultura han hecho que hoy sea más difícil sembrar las semillas de la fe?

> ¿Cómo entiende el kerigma? ¿Qué significa decir que nuestros esfuerzos de formación en la fe hoy deben ser más kerigmáticos?

> ¿Alguna vez un anuncio o un comercial de televisión lo ha convencido de hacer alguna compra? ¿Qué fue específicamente lo que lo convenció para hacerlo?

> ¿Qué significa decir que el mundo de los negocios está "evangelizando" más eficazmente que la iglesia?

> De las nueve estrategias del kerigma (véase la página XX), ¿cuál considera la más urgente? ¿Cuál necesita mejorar personalmente?

Las Sagradas Escrituras

En tierra fértil es el que escucha la palabra y la entiende. Ése da fruto: ciento o sesenta o treinta".   (MATEO 13:23)

Oración

Dios mío, prepara la tierra de mi corazón para poder ser más receptivo a la siembra de tu Palabra en mi vida. Ayúdame, a su vez, a preparar la tierra de los corazones de las personas para que tu Palabra pueda echar raíces y producir una cosecha abundante. Amén.

Capítulo 1

Proclamar un camino mejor: una alternativa al quebrantamiento

Quizás se ha dado cuenta de cuántos anuncios comienzan con: "¿Estás cansado de . . . ?" El mensaje no tan sutil es que algo falta en su vida o que algo en su vida, tal como la vive ahora, está roto y necesita reparación. Por ejemplo, un comercial de un remedio contra la gripe hará lo posible por ilustrar cuán miserable es estar enfermo de gripe, algo con lo que cualquiera que haya sufrido esta desgracia puede identificarse.

Crear un sentido de necesidad

A menudo, estos comerciales de televisión que presentan lo que está roto, necesita repararse o lo que falta en nuestra vida son exageraciones hasta el punto de ser chistosas. Los anuncios de nuevos artilugios de cocina muestran a los cocineros frustrados revoloteando en la cocina con utensilios ineficaces que se demoran demasiado, no cortan bien, requieren mucho esfuerzo o crean un desastre catastrófico. Si usted es el desafortunado propietario de utensilios obsoletos, el mensaje es claro: su vida es miserable. Sin embargo, después de evidenciar esta miseria, el anuncio rápidamente anuncia que está ofreciendo una solución, un nuevo producto que resolverá todos sus problemas y hará desaparecer todos esos dolores de cabeza. En resumen, prometen una mejor forma de vida.

"He decidido comenzar a leer una historia mucho mejor".

Recuerde, el primer paso en el marketing es responder a quienes están buscando algo, creando conciencia sobre dos cosas: la necesidad de los clientes y la "solución" que un producto o servicio ofrece. Este paso implica crear una sensación urgente de necesidad. Del mismo modo, el primer paso para preparar los corazones y las mentes, y para ser un catequista más evangelizador, es invitar a quienes enseña a reconocer que algo les falta en su vida o que la vida que están viviendo está rota, necesita reparación o tiene algún potencial incumplido.

> **El primer paso en el marketing es crear una sensación urgente de necesidad.**

Así como los apóstoles, también nosotros debemos proclamar que nuestra realidad actual está rota (que somos los desafortunados herederos de ese quebrantamiento) y que Dios ha intervenido a través de su único Hijo, Jesucristo, para ofrecernos una alternativa conocida como el Reino de Dios: una mejor forma de vivir y de ser más humano.

Malas noticias, buenas noticias

En un curso de homilética que una vez tomé, el profesor sugirió sabiamente que cada homilía debería comenzar con "malas noticias" y continuar con la "Buena Nueva" de Jesucristo. Habló de cómo los comediantes a menudo hacen bromas de "buenas noticias/malas noticias" como esta: Un médico llama a su paciente y le dice: "Tengo noticias buenas y malas. ¡Recibí los

Sentir el dolor de los demás

Proclamar el quebrantamiento NO es proclamar la fatalidad, actuar como aguafiestas, hacer que las personas se sientan miserables o culpables por su estado de vida actual o, lo peor de todo, señalar con el dedo y acusarlos de ser pecadores sin valor que deben arrepentirse. En épocas pasadas, este enfoque en "azufre y fuego del infierno" para evangelizar puede haber sido moderadamente eficaz para asustar a las personas y hacerlas cambiar su vida por temor a una eternidad en el fuego del infierno. En el mundo más sofisticado de hoy, tal enfoque simplemente no funciona. En cambio, nosotros, los que trabajamos en el ministerio en nombre de Jesús, debemos identificarnos pastoralmente con el dolor y el vacío que las personas, incluidos nosotros mismos, cargamos de una forma u otra.

resultados de tu examen médico y solo tienes 24 horas para vivir!" El paciente responde: "Eso es terrible, doctor, ¿cuáles son las buenas noticias?". El médico responde: "En realidad, esa fue la buena noticia. ¡La mala noticia es que se suponía que debía llamarte hace 24 horas!"

Antes de proclamar la Buena Nueva, debemos identificar las razones por las cuales las personas necesitan escucharla.

El profesor continuó explicando que, en una homilía (y para nuestros propósitos en la formación de fe) revertimos la fórmula de "buenas noticias/malas noticias" y confiamos en un enfoque de "malas noticias/buenas noticias". Comenzamos invitando a nuestros oyentes/aprendices a considerar algún aspecto de la realidad de su vida que consideren roto, algo con lo que las personas puedan identificarse para que, mientras nos escuchan, piensen: "¡Así es, esa es la historia de mi vida!". Antes de proclamar la Buena Nueva, debemos convencer a las personas de que necesitan escucharla, y lo hacemos ayudándolas a ponerse en contacto con su propia condición incompleta, su vacío o quebrantamiento. Necesitamos explicar cómo los humanos somos propensos a un comportamiento disfuncional y cómo somos incapaces de salvarnos nosotros mismos de tales defectos, sino que necesitamos una intervención que nos ponga en el camino hacia la recuperación

Cambiar nuestra narrativa

La verdad es que muchos de nosotros estamos caminando con narrativas poco sanas, insatisfactorias y, me atrevo a decir, peligrosas para nuestro propio bienestar y el bienestar de los demás. Algunos de estos relatos nos dicen que somos personas . . .

sin ningún valor	antipáticos	poco interesantes
feos	tímidos	de poco mérito
gordos	inferiores	incapaces de ser felices
informales	sin talento	

Otras narrativas nos dicen que para ser felices, necesitamos . . .

dinero	placer	conquistas
poder	control	prestigio
posesiones/éxito	popularidad	fama

La escuela de los golpes fuertes

Muchas personas tienen una percepción dañada de su historia y de sí mismos porque han sufrido algunos golpes fuertes. En cualquier momento, cualquier congregación de seres humanos incluirá porcentajes variables de personas víctimas de desempleo, dolor crónico, divorcio, depresión, relaciones rotas, problemas económicos, abuso doméstico, estrés por cuidar a otros, pensamientos suicidas, pérdida de un ser querido, abuso sexual, ansiedad, soledad, enfermedades crónicas, intimidación y baja autoestima, por solo nombrar algunos males.

¡La Buena Nueva de Jesucristo es que estas narrativas falsas, engañosas, dañadas y rotas pueden y deben cambiarse! Jesús proclama una historia diferente sobre una nueva realidad llamada Reino de Dios en el que se nos:

➕ **Rescata** (del pecado).

➕ **Restaura** (en relación íntima con el Padre).

➕ **Reafirma** (por un Dios amoroso que nos proporciona todo lo que necesitamos y está siempre con nosotros). La proclamación del Evangelio de Jesús comienza con la palabra "¡Arrepiéntanse!", que significa "cambiar de opinión". Evangelizar es invitar a las personas a cambiar de opinión y rechazar relatos falsos y reemplazarlos con la historia de Salvación de Jesucristo. La Evangelización invita a las personas a reconocer cuán compactos se han vuelto nuestros corazones y nuestras mentes colectivamente y a cultivar la tierra de sus propias vidas para poder imaginar nuevas posibilidades.

> Evangelizar es invitar a las personas a cambiar de opinión y rechazar relatos falsos y reemplazarlos con la historia de Salvación de Jesucristo.

Ese arte de cambiar las mentes

¿Qué debemos hacer en nuestra catequesis para facilitar el arrepentimiento, el cambio de mentalidad? ¿Cómo se vería esto en un entorno catequético? Para ilustrarlo mejor, veamos el Evangelio para el próximo domingo (en el momento en que escribí esto), el segundo domingo de Cuaresma, que es la historia de la Transfiguración (Marcos 9:2–10):

1. Comienzo leyendo y reflexionando sobre el pasaje de las Sagradas Escrituras y me pregunto: ¿Cuál es la Buena Nueva de esta historia? (Puede ser útil revisar algunos comentarios sobre la historia). Sepa que no hay una sola respuesta correcta a esta pregunta.

   Seis días más tarde tomó Jesús a Pedro, a Santiago y a Juan y se los llevó aparte a una montaña elevada. Delante de ellos se transfiguró: su ropa se volvió de una blancura resplandeciente, tan blanca como nadie en el mundo sería capaz de blanquearla. Se les aparecieron Elías y Moisés conversando con Jesús. Pedro tomó la palabra y dijo a Jesús: —Maestro, ¡qué bien se está aquí! Vamos a armar tres carpas: una para ti, otra para Moisés y otra para Elías –No sabía lo que decía, porque estaban llenos de miedo–.

   Entonces vino una nube que les hizo sombra, y salió de ella una voz: —Éste es mi Hijo querido. Escúchenlo.

   De pronto miraron a su alrededor y no vieron más que a Jesús solo con ellos.

   Mientras bajaban de la montaña les encargó que no contaran a nadie lo que habían visto, hasta que el Hijo del Hombre resucitara de entre los muertos. Ellos cumplieron aquel encargo pero se preguntaban qué significaría resucitar de entre los muertos.

2. En mi reflexión, me concentraré en la frase. "Éste es mi Hijo querido. Escúchenlo" (Marcos 9:7).

3. En mi mente, entonces, la Buena Nueva de esta historia es que tenemos acceso a la voz de Dios a través de Jesucristo, quien es Dios verdadero de Dios verdadero, ¡Luz de Luz!

4. Entonces, la mala noticia es que vivimos en una época de confusión y "datos alternativos". A menudo no sabemos a quién escuchar. Nos encontramos perdidos, confundidos e incluso desesperados, sin saber dónde se puede encontrar la verdad.

Para mi lección, simplemente invertiría el orden de lo anterior y comenzaría invitando a mis aprendices a reconocer que cuando encendemos la televisión o exploramos las redes sociales, hay tantas voces que aseguran decir la verdad que podríamos volvernos locos. A los niños más pequeños que pueden no estar tan al tanto

> La fecundidad surge del quebrantamiento [v.d.t.]
> —Henri Nouwen

de los últimos acontecimientos en las noticias, los invitaría a poner atención a lo que escuchan, a los muchos mensajes diferentes de sus amigos sobre lo que está bien y lo que está mal, lo cual crea mucho estrés y confusión para ellos. Entonces, anunciaría las buenas noticias: "¡Sin embargo, en el Evangelio de hoy, tenemos una buena noticia! Aprendemos que la voz de Jesús es la voz de Dios y, por lo tanto, se puede confiar en ella. Es una voz que elimina toda la confusión y nos muestra el camino. Es una voz que necesitamos. Es para nuestro beneficio 'escucharlo a él' en lugar de a las muchas voces que nos llevan por el camino equivocado". Esta lección,

A lo largo del año, el Padre Luís predica homilías inspiradoras en la misa dominical, instando a su congregación a convertirse en un ejército de ministros que se acerquen a las personas que están sufriendo alguna ruptura. Incluso creó diferentes "ramas" de su ejército para que la gente sirviera: una rama servía a los que no tenían hogar, otra servía a aquellos con enfermedades crónicas, otra a quienes experimentaban la pérdida de un ser querido y así sucesivamente. Un domingo después de la misa, los feligreses inspirados hicieron fila como de costumbre para unirse a las diversas ramas del "Ejército del Padre Luís" cuando notó que un joven corría con rapidez hacia su automóvil en el estacionamiento. Lo alcanzó y le preguntó por qué tenía tanta prisa por irse y por qué no quería unirse al "Ejército del Padre Luís". El joven dijo: "Oh, ya soy miembro de su ejército, Padre". El Padre Luís respondió: "Me da pena decirlo, pero no recuerdo haberte visto aquí antes, excepto quizás en la Navidad y la Pascua. ¿A qué rama del ejército perteneces?" El joven respondió: "Al Servicio Secreto".

entonces, está diseñada para invitar al arrepentimiento: un cambio de opinión sobre la voz que deberíamos estar escuchando para superar nuestro quebrantamiento, nuestra ruptura.

La ruptura: la clave de la salvación

No es casualidad que comencemos nuestra celebración de la misa con el Acto Penitencial en el que reconocemos nuestra ruptura, que somos pecadores.

> Yo confieso ante Dios todopoderoso
> y ante ustedes, hermanos,
> que he pecado mucho
> de pensamiento, palabra, obra
> y omisión.
> [Ore mientras se golpea el pecho tres veces]
> Por mi culpa, por mi culpa, por mi gran culpa;
> *(Misal Romano)*

Esta ruptura es la clave de nuestra salvación, ya que, sin reconocer nuestra ruptura, no somos receptivos a la gracia de Dios y el suelo de nuestros corazones y mentes permanece compactado.

Sin reconocer nuestra ruptura, no somos receptivos a la gracia de Dios y el suelo de nuestros corazones y mentes permanece compactado.

La luz entra por las grietas

Cuando aceptamos nuestras rupturas, nos hacemos vulnerables, y es a través de esas mismas "rupturas" en nuestro ser que la gracia de Dios puede entrar y entrará. Como seguidores de Jesús, estamos llamados a dejar que nuestra luz brille ante todo. Sin embargo, es fundamental recordar que esta luz proviene de un lugar más allá de nosotros mismos y solo puede brillar ante todo si puede atravesar las grietas de nuestro ser. Una vez que lo logra, inunda y se hace visible para todos. Esta es precisamente la razón por la cual Jesús fue tras los fariseos y lo que él denunció como su hipocresía moral. Jesús cuenta la parábola del fariseo y el recaudador de impuestos en la que los dos hombres suben al Templo para orar.

> El fariseo, de pie, oraba así en voz baja: —Oh Dios, te doy gracias porque no soy como el resto de los hombres, ladrones, injustos, adúlteros, o como ese recaudador de impuestos. Ayuno dos veces por semana y doy la décima parte de cuanto poseo.

El recaudador de impuestos, de pie y a distancia, ni siquiera alzaba los ojos al cielo, sino que se golpeaba el pecho diciendo: —Oh Dios, ten piedad de este pecador.

Les digo que éste volvió a casa absuelto y el otro no. Porque quien se alaba será humillado y quien se humilla será alabado (Lucas 18:11–14).

La razón por la que Jesús insistió en que los pecadores están más cerca del Reino de Dios que los fariseos es precisamente porque muchos pecadores están dolorosamente conscientes de su quebrantamiento y no se dejan engañar por ningún sentido de superioridad moral, que es un rechazo a la gracia de Dios. Así como al comienzo de la misa admitimos que somos pecadores (observe cómo, en el Acto Penitencial mencionado anteriormente se nos pide golpearnos el pecho imitando al recaudador de impuestos), nuestro papel como catequistas es invitar y permitir que quienes enseñamos reconozcan y acepten su ruptura y que se liberen de cualquier delirio de grandeza y de superioridad moral, como el primer paso hacia la salvación. Debemos convencer a los demás de que el mensaje que compartimos, la Buena Nueva, no es solo algo agradable, es algo que todos necesitamos. Proceder de otra manera es ignorar la realidad misma de la condición humana: el ser humano es un ser imperfecto.

La Buena Nueva: antídoto contra el quebrantamiento

Aquí ofrezco los siguientes ejemplos de temas doctrinales, seguidos de las "malas noticias" para las cuales son antídotos. Recuerde, cada uno de estos temas doctrinales es polifacético, lo cual significa que hay numerosas formas de interpretar la Buena Nueva que proclama y las malas noticias que disipa. Estos son simplemente ejemplos:

➕ **Tema doctrinal:** las Bienaventuranzas
Punto de dolor/Mala noticia: nuestro mundo parece irremediablemente impulsado por actitudes destructivas de egoísmo, avaricia, poder y violencia.
Buena Nueva/Antídoto: Jesucristo proclama una forma alternativa de pensar y actuar que subvierte el statu quo y conduce a una realidad transformada.

➕ **Tema doctrinal:** los Diez Mandamientos
Punto de dolor/Mala noticia: hay tantas voces en conflicto que afirman decir la verdad que puede ser muy confuso saber qué está bien y qué está mal.

Buena Nueva/Antídoto: Dios proporciona un plan claro sobre cómo vivir de acuerdo con su voluntad y experimentar la plenitud de la vida amando a Dios y a los demás.

➕ **Tema doctrinal:** la Presencia Real
Punto de dolor/Mala noticia: a menudo nos sentimos abandonados y solos, como si Dios estuviera muy lejos de nosotros o no estuviera presente en absoluto.
Buena Nueva/Antídoto: a través de la Eucaristía, Jesucristo, el Hijo de Dios, está físicamente presente para nosotros. No estamos solos.

➕ **Tema doctrinal:** la Reconciliación
Punto de dolor/Mala noticia: somos imperfectos y propensos a pensar y actuar de maneras que pueden ser perjudiciales para nosotros y para los demás y parecemos incapaces de superar esta tendencia.
Buena Nueva/Antídoto: a través de Jesucristo, nuestros pecados son perdonados y somos restablecidos en relación plena con el Padre

➕ **Tema doctrinal:** los frutos del Espíritu Santo
Punto de dolor/Mala noticia: nuestro mundo está lleno de tanta agitación y confusión que a menudo parece imposible ver la presencia de Dios.
Buena Nueva/Antídoto: cada vez que vemos las cualidades de la caridad, la alegría, la paz (los frutos del Espíritu Santo) manifestados, sabemos que Dios está presente.

➕ **Tema doctrinal:** la Santísima Trinidad
Punto de dolor/Mala noticia: a menudo experimentamos aislamiento, soledad y falta del sentido de comunidad.
Buena Nueva/Antídoto: estamos hechos a imagen y semejanza del Dios Trino, cuya identidad misma es comunitaria.

➕ **Tema doctrinal:** el pecado
Punto de dolor/Mala noticia: el pecado (el mal) a menudo parece tener la ventaja en nuestro mundo y vivir una vida de bien, parece imposible.
Buena Nueva/Antídoto: a través de su cruz y Resurrección, Jesucristo ha vencido el pecado de una vez y para siempre, llenándonos de una esperanza firme frente al mal.

Hacer reflexión teológica

Usted puede revertir esta dinámica y comenzar a identificar puntos de dolor comunes o ejemplos de malas noticias en nuestro mundo y en la vida de quienes enseña. Luego reflexione sobre la experiencia y la Tradición de la fe que conduce a un aspecto del Evangelio y a la enseñanza de la Iglesia que sirve como antídoto. Intente por su cuenta con los siguientes ejemplos. Recuerde, no hay una sola respuesta correcta. Esto es simplemente un ejercicio para desarrollar la habilidad de entrelazar la fe y la vida. Como ejemplo, completé el primer punto:

> La herida es el lugar donde penetra la luz [v.d.t.].
> —Rumi

➕ **Punto de dolor/Mala noticia:** perder la esperanza
Buena Nueva/Antídoto: esperanza
Tema doctrinal relacionado: la Resurrección

➕ **Punto de dolor/Mala noticia:** la ansiedad
Buena Nueva/Antídoto: _____
Tema doctrinal relacionado : _____

➕ **Punto de dolor/Mala noticia:** el engaño/la falta de honestidad
Buena Nueva/Antídoto: _____
Tema doctrinal relacionado: _____

➕ **Punto de dolor/Mala noticia:** el materialismo/las posesiones
Buena Nueva/Antídoto: _____
Tema doctrinal relacionado : _____

➕ **Punto de dolor/Mala noticia:** la ruptura de relaciones
Buena Nueva/Antídoto: _____
Tema doctrinal relacionado : _____

➕ **Punto de dolor/Mala noticia:** el fracaso
Buena Nueva/Antídoto: _____
Tema doctrinal relacionado : _____

➕ **Punto de dolor/Mala noticia:** las dificultades económicas
Buena Nueva/Antídoto: _____
Tema doctrinal relacionado : _____

Le recomiendo que al preparar todas y cada una de sus sesiones como catequista, identifique las buenas noticias que está enseñando y las malas noticias que el mensaje está disipando. Como ejemplo, observe los acontecimientos actuales para ilustrar las malas noticias que nos rodean, ¡pero que pueden ser y serán superadas por la Buena Nueva de Jesucristo!

Historias verdaderas

Aquí presento un ejemplo de una ocasión en la que enseñé una lección y comencé efectivamente presentando malas noticias y luego las usé para seguir con la Buena Nueva de la lección.

El tema de la sesión fueron las Bienaventuranzas como una receta para la verdadera felicidad y fue para una clase de octavo grado. Casualmente, mientras me preparaba para dar esta lección, el noticiero anunció la muerte de una celebridad de alto perfil: el artista de teatro Philip Seymour Hoffman había sufrido una sobredosis trágica de drogas. Comencé la sesión informándoles de este hecho y preguntando cuántos lo sabían (la mayoría de ellos lo sabía). Hablé de lo triste que era que alguien con tanto talento y con todo lo que aparentemente había buscado (fama, fortuna y una carrera exitosa) sintiera la necesidad de consumir drogas

Les pregunté a los jóvenes, de manera retórica, por qué pensaban que alguien sentiría la necesidad de consumir drogas, aunque pareciera tener todo lo que podría hacerlo feliz. Los jóvenes reflexionaron sobre eso y, como era de esperarse, tuvieron dificultades para responder, pero estuvieron de acuerdo en que era algo triste y trágico. Sin embargo, un joven insistió en que era estúpido que alguien que tenía tanto buscara la felicidad en las drogas. Esto me dio la oportunidad de decir: "Eso puede ser así, pero es cierto que muchos de nosotros que también tenemos tanto, todavía no somos felices y muchas personas, jóvenes y adultas, buscan llenar ese vacío en sus corazones de muchas maneras, como con drogas, alcohol, sexo, dinero, posesiones, poder, etcétera. Parece que, a pesar de que tenemos mucho, todavía no somos felices".

Dejé que esas palabras resonaran allí por un momento solo para que las asimilaran y se identificaran con ellas ("Así es, esa es la historia de

> Si bien el mundo nos ofrece todo tipo de cosas que se supone que nos harán felices, muchas de ellas son fugaces, engañosas o francamente peligrosas y desastrosas.

mi vida"). Luego dije: "Si bien el mundo nos ofrece todo tipo de cosas que se supone nos harán felices, muchas de ellas son fugaces, engañosas o francamente peligrosas y desastrosas. Hoy vamos a aprender sobre una felicidad duradera; una felicidad que no se nos puede quitar; una felicidad que realmente llena el vacío dentro de nosotros. Es una felicidad que solo puede venir de Dios".

Usé ese tema como transición a nuestra lección de esa noche sobre las Bienaventuranzas como una receta para la felicidad verdadera. Las malas noticias sobre la sobredosis de drogas de esta persona famosa, que ilustran la falta de felicidad o una inquietud general que todos experimentamos, proporcionaron una entrada a sus vidas jóvenes y me permitieron presentar el antídoto a esa falta de felicidad generalizada: una felicidad que nos ofreció Jesús y que se describe en las Bienaventuranzas. La trágica historia de Philip Seymour Hoffman es un ejemplo extremo de lo que experimentan muchas personas: no apreciamos lo que tenemos y más bien buscamos formas de adormecer el dolor o llenar el vacío en nuestro interior, sin darnos cuenta de que solo Dios puede llenar ese espacio y sanar ese dolor. El camino de Dios es de hecho el mejor camino. ¡Y esas son buenas noticias!

> **El camino de Dios es de hecho el mejor camino. ¡Y esas son buenas noticias!**

Preguntas para la reflexión y el diálogo

> ¿Qué producto ha comprado porque estaba convencido de que le cambiaría o facilitaría la vida? ¿Cuál fue la mala noticia de la que este producto afirmaba ser el antídoto?

> ¿Cómo puede, como catequista y evangelizador, usar eficazmente esta estrategia de mala noticia/buena noticia para proclamar la Palabra de Dios?

> ¿Cuáles cree que son algunas de las narrativas nocivas y más comunes que nuestra cultura o sociedad acostumbra vender?

> ¿Cuál es una narrativa nociva con la que ha lidiado personalmente?

> ¿Cómo explicaría con sus propias palabras lo que significa decir que nuestra narrativa cristiana es una de "rescate, restauración y reafirmación"? ¿Cuál es su experiencia personal con estas tres realidades en relación con el Evangelio?

> ¿Por qué es la arrogancia un obstáculo para recibir la gracia de Dios?

> ¿Cuáles son algunos de los puntos de dolor más comunes que reconoce en las personas a quienes enseña? ¿Cómo puede la Buena Nueva de Jesús servir como antídoto a estos?

> ¿Cuándo ha superado el "engaño de la autosuficiencia" y aceptado que necesitaba ayuda con un problema o situación?

Las Sagradas Escrituras

El Señor está cerca de los que sufren
y salva a los que desfallecen.
  (SALMO 34:19)

Oración

Dios bueno y misericordioso, ayúdame a reconocer mi quebranta-miento y recurrir a ti para ser sanado. Llena mi corazón de compasión para alcanzar a los que sufren y anunciar la Buena Nueva de tu cerca-nía a ellos para que puedan experimentar tu gracia sanadora. Amén.

Capítulo 2

Presentar a Jesucristo como un Salvador en quien podemos confiar

Estoy seguro de que conoce el concepto de una intervención: una reunión de familiares y amigos de confianza cuidadosamente planificada en la que confrontan a un ser querido sobre su adicción y le ofrecen la oportunidad de recibir tratamiento. El razonamiento detrás de una intervención es que la persona afectada por una adicción es incapaz de "salvarse" a sí misma; la iniciativa debe surgir desde afuera del individuo. En esencia, es el reconocimiento de que somos incapaces de curar nuestras propias disfunciones. Para que dicha intervención tenga éxito, debe provenir de una fuente confiable.

¿En quién se puede confiar?

En última instancia, los anuncios buscan ganar su confianza. El objetivo es convencerlo de que su dinero estará bien invertido en cualquier producto o servicio que esté a la venta. Al invitar a las personas a considerar aceptar el Evangelio, debemos convencerlas de que esta invitación proviene de una fuente confiable —Jesucristo, el Hijo de Dios—, y que somos incapaces de "lograrlo" por nuestra propia cuenta. Necesitamos una intervención divina.

En nuestra formación de fe debemos dejar en claro que, cuando se trata del poder del pecado, somos incapaces de superarlo por nuestra propia cuenta. (Esa es la esencia del pecado original). Por eso Dios planeó cuidadosamente

"¿Sería este un buen momento para hablar contigo sobre el significado de la vida?".

Presentar a Jesucristo como un Salvador en quien podemos confiar

¡Alguien sálveme!

No podemos sobrevalorar la importancia de dar a conocer a Jesucristo, no simplemente como un filósofo sabio, un maestro inteligente o un tipo genial, sino como un salvador. Piense en esta imagen: usted se está hundiendo en arenas movedizas. Lo último que necesita o desea es que venga un filósofo para hablar sobre las ramificaciones existenciales de su situación. Necesita a alguien que lo salve. El pecado es como un pozo de arenas movedizas. Somos incapaces de salir solos del fango. Necesitamos un salvador.

una intervención —la Encarnación— para confrontarnos amorosamente sobre nuestra necesidad de arrepentirnos y aceptar la oportunidad de entrar en "recuperación" a través de Jesucristo.

En el primer capítulo dijimos que vivimos en un mundo roto. La familia humana tiene sus disfunciones. Podemos ser sacados de estas "arenas movedizas" conocidas como pecado solo por un poder más allá de nosotros mismos. Es la misma lógica que utilizan los programas de doce pasos: el primer paso en la recuperación es aceptar la impotencia ante la adicción (y que la vida se ha vuelto ingobernable). Mientras que el segundo paso es creer que un poder superior a uno mismo, un poder en el que se puede confiar, puede restaurarnos al sano juicio. Este poder superior es Dios. "Tanto amó Dios al mundo, que entregó a su Hijo único, para que quien crea en él no muera, sino tenga vida eterna" (Juan 3:16).

> En nuestra formación de fe debemos dejar en claro que, cuando se trata del poder del pecado, somos incapaces de superarlo por nuestra propia cuenta.

Jesús cambia las reglas del juego

Entonces, ¿cómo se manifiesta esto en la formación en la fe?

En primer lugar, indica que nuestra catequesis debe ser Cristocéntrica. Debe enfocarse completamente en Jesús. Nuestro ministerio es poner a quienes enseñamos "no sólo en contacto sino en comunión, en intimidad con Jesucristo" (*Directorio General para la Catequesis*, 80). Llevamos a otros a la "comunión e intimidad" con Jesús no solo hablando de él, sino también invitando a quienes enseñamos a tener un encuentro con él a través de la oración. Toda nuestra sesión debe llevarse a cabo dentro de un "clima de oración" para que la experiencia se parezca más a la misa (adoración) que a una clase (académica). Más específicamente, necesitamos guiar a quienes enseñamos a través de experiencias de oración reflexiva durante las cuales puedan hablar con Dios y escucharlo hablar en sus corazones. No solo debemos enseñar oraciones sino lo más importante, *cómo* orar. San Ignacio decía que la oración debe asemejarse a un amigo hablándole a otro. Nuestro trabajo como catequistas es presentar a quienes enseñamos a nuestro amigo de confianza, a Cristo Jesús.

> Toda nuestra sesión debe llevarse a cabo dentro de un "clima de oración" para que la experiencia se parezca más a la misa (adoración) que a una clase (académica).

En segundo lugar, debemos hablar honestamente sobre nuestra propia relación con Jesucristo. Como católicos, con demasiada frecuencia nos escondemos detrás de un lenguaje muy estéril, como por ejemplo, "La Iglesia dice . . ." o "El Catecismo nos enseña . . ." en lugar de mencionar directamente el nombre de Jesucristo como nuestro amigo de confianza, para que quienes enseñamos entiendan que esta es una relación a la cual los estamos invitando. Por ejemplo, "En mi relación con Jesús, he aprendido . . .". Yo específicamente aliento a los catequistas y a los maestros de las escuelas católicas a que, al presentarse el primer día de clases, compartan un poco sobre por qué están trabajando en este ministerio y cómo Jesús es una parte importante de sus vidas.

En la publicidad, los vendedores presentan su producto o servicio como:

➕ un cambio a las reglas del juego y una necesidad,

➕ y algo proveniente de una fuente confiable.

Nosotros no debemos hacer menos. No invite a las personas a "rociar un poco de Jesús" en su vida para hacerla más dulce. Más bien, proclame a Jesús como un cambio a las reglas del juego —una necesidad si esperamos superar nuestra

> Proclame a Jesús como un cambio a las reglas del juego.

disfunción humana— y como una fuente confiable: no es un hombre común, sino que es "Dios de Dios, Luz de Luz, Dios verdadero de Dios verdadero, engendrado, no creado, de la misma naturaleza del Padre".

Establecer confianza

Establecer confianza es fundamental para cualquier concepto de desarrollo organizacional. Muchos expertos en el campo de liderazgo enfatizan que una de las primeras prioridades de un líder efectivo es establecer un clima de confianza. En otras palabras, las personas necesitan saber que estarán seguras en este ambiente al que están siendo invitadas. Esto es crucial en un ambiente de formación en la fe o de espiritualidad, donde las personas son invitadas a confiar todo su ser a la Persona de Jesucristo y su Iglesia. No debería sorprendernos, entonces, que la falta de confianza se haya agudizado en los últimos años debido a la enorme ruptura de la confianza que es el abuso sexual por parte del clero y su encubrimiento. En un momento en el que la confianza en las organizaciones institucionales ya estaba en su punto más bajo, el daño adicional causado por este escándalo en la Iglesia católica se ha traducido en una evaporación de la confianza que el pueblo

Ayudar a las personas a sentirse seguras

En una charla muy popular de las conferencias TED, "Por qué los buenos líderes hacen que te sientas seguro" [v.d.t.], el teórico de la gestión Simón Sinek enfatiza que los líderes efectivos atraen a su gente a un círculo de confianza, a un lugar donde se sienten a salvo de los peligros que los rodean y también facultados para luchar contra esas fuerzas peligrosas. En esa charla, dice Sinek: "Sabes, en el ejército, dan medallas a personas que están dispuestas a sacrificarse para que otros puedan ganar. En los negocios, otorgamos bonos a las personas que sacrifican a otros para que nosotros podamos ganar. Lo tenemos al revés" [v.d.t.]. Es cierto. Sinek continúa diciendo que, cuando las personas se sienten seguras y dentro de un círculo de confianza, pueden suceder cosas extraordinarias: "Cuando nos sintamos seguros dentro de la organización, combinaremos naturalmente nuestros talentos y nuestras fortalezas y trabajaremos incansablemente para enfrentar los peligros externos y aprovechar las oportunidades" [v.d.t.].

una vez depositó en la Iglesia. Para que nosotros podamos evangelizar y catequizar efectivamente a aquellos que nos han confiado, necesitaremos restablecer esa confianza.

¿Cómo establecemos un clima de confianza? Según Charles H. Green, fundador y director ejecutivo de Trusted Advisor Associates LLC, la confianza se puede reducir a los siguientes cuatro factores:

- **Credibilidad:** las personas necesitan confiar en lo que dicen sus líderes.

- **Fiabilidad:** las personas necesitan confiar en lo que hacen sus líderes.

- **Intimidad:** las personas necesitan confiar en que pueden compartir sus opiniones con sus líderes.

- **Egocentrismo:** las personas necesitan saber que sus líderes no están absortos en sí mismos, sino que tienen en cuenta el bienestar de los demás.

Green desarrolló una herramienta interesante que él llama la "Fórmula de confianza total" que puede ayudar a las organizaciones a medir el grado de confianza que los miembros tienen en el liderazgo. La fórmula se ve así:

$$T = (C + F + I) \div E$$

(La Confianza Total [T] equivale a la suma de Credibilidad [C], Fiabilidad [F] e Intimidad [I] dividida por Egocentrismo [E]).

En otras palabras, después de calificar cada uno de los cuatro factores en una escala del 1 al 10, la fórmula de confianza total se logra dividiendo la suma de los primeros tres factores (credibilidad, fiabilidad e intimidad) por el cuarto factor, el egocentrismo. Por ejemplo, si un líder recibe la siguiente calificación:

- **Credibilidad** = 7 (puedo creer la mayoría de lo que dice este líder)

- **Fiabilidad** = 5 (creo que lo que hace este líder no es totalmente fiable)

> "No se inquieten. Crean en Dios y crean en mí".
> —Jesucristo (Juan 14:1)

- **Intimidad** = 4 (realmente no siento que pueda compartir mi opinión con este líder)

- **Egocentrismo** = 8 (este líder suele estar absorto en sí mismo y nos presta poca atención a mí y a los demás)

El balance de la confianza total en este caso resulta en un mediocre factor de 2 ([7 + 5 + 4] ÷ 8 = 2).

Sin embargo, si un líder recibe la siguiente evaluación:

➕ **Credibilidad** = 7 (puedo creer la mayoría de lo que dice este líder)

➕ **Fiabilidad** = 7 (creo que lo que hace este líder suele ser fiable)

➕ **Intimidad** = 7 (me siento cómodo al compartir mi opinion con este líder)

➕ **Egocentrismo** = 2 (este líder nos presta mucha atención a mí y a los demás y esta dedicado a los logros de los demás)

En este caso, la fórmula de confianza total resulta en un impresionante 10.5 ([7 + 7 + 7] ÷ 2 = 10.5).

Es crucial que nosotros, los catequistas y evangelizadores, podamos establecer confianza, y debemos lograrlo. Esto requiere que hagamos lo siguiente:

➕ **Hablar con credibilidad:** lo que tenemos que decir debe identificarse con todo lo que es bueno, verdadero y hermoso.

➕ **Actuar de manera fiable:** nuestras acciones deben fluir y coincidir con nuestras palabras; deben ser una representación auténtica de lo que decimos.

➕ **Ser accesible:** quienes servimos deben sentirse cómodos y seguros al confiar en nosotros.

➕ **Centrarse en los demás:** debemos poner nuestra atención en quienes servimos, no en nosotros mismos.

Crear un clima de confianza

Si los demás han de poner su confianza en él, es igualmente nuestra responsabilidad presentar a Jesucristo como alguien creíble, confiable, digno de intimidad y desinteresado. Volveremos a este tema en un momento, pero primero, veamos más de cerca cómo un líder establece confianza en un grupo u organización. Aquí hay algunas destrezas y estrategias específicas para establecer un clima de confianza que permita a los participantes sentirse seguros en un grupo:

➕ **Establecer los comportamientos que se esperan de todos (usted incluido).** La confianza se construye cuando los participantes saben qué comportamientos se fomentan y qué comportamientos son inaceptables. Incluso todos deberían ser invitados a crear esta lista o al menos a hacerle adiciones. Los participantes también pueden beneficiarse al escuchar a usted, como líder o facilitador del grupo, mencionar qué comportamientos se requieren para garantizar un entorno seguro.

> Es nuestro trabajo presentar a Jesucristo como alguien creíble, confiable, digno de intimidad y desinteresado, si los demás han de poner su confianza en él.

➕ **Enfrentar de inmediato las infracciones en comportamiento inaceptable y afirmar la adhesión al comportamiento deseado.** La confianza se crea cuando los participantes ven que los códigos de conducta antes mencionados se aplican y que hay consecuencias o repercusiones por las infracciones de dichos códigos de conducta.

➕ **Fomentar y proteger la expresión.** La confianza se construye cuando los participantes se sienten libres de expresarse y saben que cuando lo hagan, serán respetados y sus contribuciones serán apreciadas.

➕ **Alentar y fomentar la sinceridad.** La confianza se construye cuando a los participantes se les da la libertad de lidiar con los conceptos que se presentan y expresar respetuosamente su desacuerdo sin ser castigados por ser sinceros.

➕ **Motivar la toma de riesgos y no temer al fracaso.** La confianza se construye cuando los participantes saben que pueden usar sus dones y talentos únicos para intentar cosas nuevas y que no deben temer repercusiones simplemente por intentarlas.

➕ **Incorporar oportunidades de aprendizaje colaborativo.** La confianza surge cuando los participantes interactúan entre sí para generar confianza en el grupo, no solo entre ellos y usted, sino también entre ellos.

➕ **Compartir la responsabilidad.** La confianza se crea cuando los participantes (especialmente los adolescentes, los jóvenes y los adultos) disfrutan de un sentido de pertenencia y responsabilidad compartida por la dirección del grupo.

- ➕ **Mostrar compasión y empatía.** La confianza se construye cuando los participantes saben que ellos le importan a usted y los entiende.

- ➕ **Celebrar la diversidad.** La confianza se construye cuando los participantes saben que sus talentos, dones, características e identidad únicos son bienvenidos y se espera más de ellos que simplemente cumplir o hacer tareas.

> El amor no puede vivir donde no hay confianza. [v.d.t]
> —Edith Hamilton

- ➕ **Afirmar con generosidad a los demás.** La confianza se construye cuando los participantes saben que ellos y sus aportes son bienvenidos y apreciados.

- ➕ **Admitir sus errores, imperfecciones y limitaciones.** La confianza se construye cuando los participantes reconocen en usted la transparencia y honestidad, lo cual los alienta a ser transparentes.

- ➕ **Estar disponible.** La confianza se construye cuando los participantes saben que usted es accesible y que pueden confiar en usted.

- ➕ **Respetar y acatar los límites.** Si bien los límites suenan como algo negativo—como una forma de excluir a otros—pueden ser bastante positivos: un medio para proteger lo que es sagrado. En el Antiguo Testamento aprendemos que el Templo en Jerusalén, el punto central de la presencia sagrada de Dios entre su pueblo, tenía varios límites que separaban a los gentiles, las mujeres judías, los hombres judíos y los sacerdotes del Arca de la Alianza, que "contenía" la presencia sagrada de Dios. En el Nuevo Testamento, Jesús reemplazó ese Templo con el templo de su propio cuerpo, y san Pablo nos enseñó que somos templos del Espíritu Santo. Como resultado, estamos llamados a respetar lo sagrado en nosotros mismos y en los demás. Una de las formas de hacer esto es respetando los límites físicos, emocionales y de comportamiento.

La labor de establecer confianza no es una interrupción en nuestros esfuerzos de evangelización y catequesis. Es un requisito para un acompañamiento significativo y un paso crucial en la preparación de los corazones y las mentes.

Confiar en Jesús

Ahora, volvamos a la noción de presentar a Jesucristo como alguien totalmente creíble, confiable, digno de intimidad y lleno de amor desinteresado —los cuatro rasgos que forman la base de la confianza—. A veces, cuando tratamos de convencer a otros que somos confiables, podemos ser "exagerados" en nuestros esfuerzos, como se mostró en una escena famosa de la película The Blues Brothers [Los hermanos caradura] cuando Jake Blues (John Belushi) intenta convencer a la mujer misteriosa (Carrie Fisher) que sus razones para dejarla plantada en el altar eran legítimas:

> La labor de establecer confianza no es una interrupción en nuestros esfuerzos de evangelización y catequesis. Es un requisito para un acompañamiento significativo y un paso crucial en la preparación de los corazones y las mentes.

Me quedé sin gasolina. Un neumático se desinfló. No tenía suficiente para un taxi. Mi traje se perdió en la tintorería. Un viejo amigo llegó de fuera. Robaron mi auto. Hubo un terremoto, una inundación, las langostas. ¡NO FUE CULPA MÍA! ¡TE LO JURO POR DIOS!

A pesar del hecho de que claramente está mintiendo, siempre me ha encantado cómo la voz de Jake se intensifica hasta alcanzar gran intensidad con las palabras: "¡NO FUE CULPA MÍA! ¡TE LO JURO POR DIOS!". No hace falta mucho para imaginar la sección del Credo de Nicea que proclama

Una joven tenía dificultades para confiarle su vida a Jesucristo. En un día lleno de estrés, mientras se apresuraba a llegar a una entrevista de trabajo importante, buscaba desesperadamente un lugar para estacionarse en un estacionamiento lleno de gente. Al darse cuenta de que llegaría tarde, gritó desesperadamente. "Señor, si me encuentras un lugar para estacionarme, prometo confiarte toda mi vida y comenzar a ir a la iglesia". Tan pronto como las palabras salieron de su boca, encontró un lugar justo enfrente de su auto. La joven levantó la vista al cielo y dijo. "Olvídalo, ya encontré uno".

que Jesús no es una persona común recitada con una voz similar: creciendo en intensidad y alcanzando un punto culminante mientras confesamos que Jesús es . . .

" . . . Hijo único de Dios, nacido del Padre antes de todos los siglos: Dios de Dios, Luz de Luz, Dios verdadero de Dios verdadero, engendrado, no creado, DE LA MISMA NATURALEZA DEL PADRE, POR QUIEN TODO FUE HECHO.

Hay una razón por la cual los Padres de la Iglesia pasaron siglos debatiendo y angustiados para escoger bien esas palabras: sabían que la clave para proclamar el Evangelio es asegurar que Jesús es auténtico (Dios de Dios) y que se puede confiar en él (Dios verdadero de Dios verdadero). Si estamos a punto de hacer una gran inversión de dinero, queremos saber sin que quepa duda que estamos invirtiendo en una fuente auténtica y confiable. En el corazón de nuestro ministerio catequético está la invitación a invertir todo el corazón, el alma, la mente y las fuerzas en la Persona de Jesucristo. Es nuestra responsabilidad presentar a Jesús como confiable, y nosotros mismos debemos personificar esas cualidades que establecen confianza para que cuando invitemos a las personas a considerar este mejor camino, sientan que su inversión realmente está segura.

> En el corazón de nuestro ministerio catequético está la invitación a invertir todo el corazón, el alma, la mente y las fuerzas en la Persona de Jesucristo.

Historias verdaderas

Cuando serví como catequista en la parroquia del Santísimo Redentor en Evergreen Park, a las afueras de Chicago, la directora de educación religiosa, Arlene Astrowski, exigió que presentáramos un compromiso grupal el primer día de las sesiones y que invitáramos a todos los participantes a presentarse y firmar ese compromiso en un ritual lleno de oración. Esto fue diseñado para establecer un clima de confianza que permitiera a todos los participantes sentirse seguros al compartir su fe entre todos. Después de que todos firmaran el compromiso grupal, este debía exhibirse cada semana durante las sesiones y mencionarse cada vez que ocurrieran comportamientos que violaran el acuerdo que todos habían asumido. Aquí está el texto de este compromiso grupal (para niños de primaria) que usted puede usar y adaptar libremente:

Tengo derecho a ser FELIZ y a ser tratado con AMABILIDAD en este grupo. Tengo la responsabilidad de tratar a los demás con amabilidad. Esto significa que nadie se va BURLAR de mí, ni me va a IGNORAR o LASTIMAR mis sentimientos y que yo soy responsable de comportarme de la misma manera con los demás.

Tengo derecho a ser YO MISMO en este grupo. Esto significa que nadie me tratará INJUSTAMENTE por ser GORDO o DELGADO, RÁPIDO o LENTO, NIÑO o NIÑA. Tengo la responsabilidad de mostrar este mismo respeto a los demás

Tengo derecho a ESCUCHAR y a ser ESCUCHADO en este grupo. Esto significa que nadie GRITARÁ, PROTESTARÁ A GRITOS ni LEVANTARÁ LA VOZ. Mi opinión y mis necesidades serán considerados en cualquier plan que hagamos. Tengo la responsabilidad de escuchar respetuosamente a los demás.

En este grupo tengo derecho de aprender sobre MÍ MISMO. Esto significa que seré libre de expresar mis sentimientos y opiniones sin ser interrumpido o castigado. Tengo la responsabilidad de respetar los sentimientos y opiniones de los demás y de no interrumpirlos.

Tengo derecho a ser YO MISMO, a aprender acerca de MÍ MISMO, de LOS DEMÁS y de DIOS. Tengo la responsabilidad de asegurarme de que los demás puedan hacer lo mismo.

Me comprometo a RESPETAR SUS DERECHOS y LOS MÍOS y a RESPETAR la propiedad de los demás en este espacio de aprendizaje. No destruiré, rayaré ni haré un mal uso de la propiedad en este espacio, porque no quiero que nadie destruya las cosas que me pertenecen.

Preguntas para la reflexión y el diálogo

> ¿Qué significa cuando decimos que para seguir el mejor camino, que nos ofrece Jesús, somos incapaces de "lograrlo" por nuestra propia cuenta y necesitamos una "intervención divina"?

> ¿Cómo se puede considerar la Encarnación –el hecho de que Dios envió a su Hijo único para hacerse uno entre nosotros– como una intervención? ¿Con qué disfunciones vino Jesús a lidiar? ¿Qué significa decir que seguir el mejor camino de Jesús es como "vivir en recuperación"?

> ¿Cuándo, dónde, cómo y por medio de quién conoció usted a Jesucristo?

> ¿Qué tan cómodo se siente al hablar con otros sobre su relación con Jesucristo?

> ¿De qué manera el escándalo del abuso sexual por parte del clero y su encubrimiento han afectado su nivel de confianza en la Iglesia? ¿Cómo ha afectado a otras personas que usted conoce?

> ¿Se siente emocionalmente seguro en su entorno laboral (o escolar u otro)? Elija un líder de ese entorno y complete la fórmula de confianza total descrita en la página 19 para él o ella. ¿Cuál de los cuatro factores es su fuerte? ¿Cuál es el que más necesita mejorar?

> Invite a una persona en quien confíe que complete la ecuación de confianza sobre usted, luego reflexionen y dialogen sobre los resultados y cómo puede crecer en su capacidad para establecer confianza.

> De las trece habilidades enumeradas y descritas para establecer un clima de confianza (véase las páginas 21-22), ¿en cuáles se siente más preparado? ¿En cuál de ellas podría mejorar?

Las Sagradas Escrituras

Es muy cierta esta afirmación: Si uno aspira al episcopado, desea una tarea importante. Por eso el obispo ha de ser intachable, fiel a su mujer, sobrio, modesto, cortés, hospitalario, buen maestro, no bebedor ni pendenciero, sino amable, pacífico, desinteresado; ha de regir su familia con acierto, manteniendo sumisos a los hijos, con toda dignidad.   (1 TIMOTEO 3:1–4)

Oración

Señor, me has llamado a la noble tarea de supervisar a aquellos que buscan conocerte mejor. Ayúdame a ser confiable y a crear un ambiente de aprendizaje en el que los participantes se sientan seguros, respetados y cómodos para que puedan abrir sus corazones y sus mentes a tu gracia. Amén.

Capítulo 3

Relatar los hechos importantes de Jesús, pasados y presentes

Hace algunos años, un comercial de televisión que anunciaba un aparato procesador de alimentos decía con orgullo que esta innovación "corta, rebana y hace papas a la juliana". Hoy en día, las personas continúan recordando esa frase y la usan con tono de broma al describir las increíbles capacidades de cualquier dispositivo nuevo. Esta frase y otras similares son emblemáticas de lo que se conoce como "afirmaciones publicitarias", la parte del anuncio que busca crear una percepción de superioridad. El trabajo del anunciante es convencer a los consumidores de esa superioridad al proporcionarles evidencia. Y así, los productos hacen evidente que son más fuertes, de acción más rápida, más fáciles de usar, más eficaces, más duraderos y de la mejor calidad.

Vivir a la altura de nuestro mensaje

Los anuncios de campañas políticas hacen muchas afirmaciones: enfatizan las capacidades del candidato, a menudo basadas en logros pasados, para atraer a los votantes. A un nivel más personal, cuando preparamos nuestro currículum vitae o cuando vamos a una entrevista de trabajo, resaltamos nuestros talentos, habilidades y capacidades y los acompañados de historias de nuestros logros pasados para convencer al empleador de que vale la pena el riesgo de contratarnos. En todos estos casos, nos corresponde poder cumplir con las afirmaciones que hacemos.

Cuando Jesús entró en escena hace dos mil años, comenzó su misión haciendo una afirmación sorprendente. Llegó a Nazaret, donde se había criado, y el sábado fue a la sinagoga. Se puso de pie para hacer la lectura y le pasaron el libro del profeta Isaías. Jesús desenrolló el libro y encontró el pasaje donde estaba escrito:

> "El Espíritu del Señor está sobre mí, / porque él me ha ungido para que dé la Buena Noticia a los pobres; / me ha enviado a anunciar la libertad a los cautivos / y la vista a los ciegos, / para poner en libertad a los oprimidos, / para proclamar el año de gracia del Señor" (Lucas 4:18–19).

Él entonces proclamó: "Hoy, en presencia de ustedes, se ha cumplido este pasaje de la Escritura" (Lucas 4:21). Esa es la parte sorprendente. Jesús afirmó que él era el cumplimiento de las mayores esperanzas y deseos del Pueblo de Dios. Cuando Juan el Bautista hecho prisionero buscó la confirmación de que Jesús era "el que había de venir", Jesús respondió a los mensajeros: "Vayan a informar a Juan de lo que han visto y oído: los ciegos recobran la vista, los cojos caminan, los leprosos quedan limpios, los sordos oyen, los muertos resucitan, los pobres reciben la Buena Noticia" (Lucas 7:22).

Proclamar las increíbles obras de Jesús

Proclamar la Buena Nueva de Jesús requiere proclamar sus increíbles obras. En Pentecostés, en la primera proclamación del Evangelio, que se conoce como el kerigma, Pedro no perdió tiempo para recordar las increíbles obras de Jesús. "Israelitas, escuchen mis palabras. Jesús de Nazaret fue un hombre acreditado por Dios ante ustedes con los milagros, prodigios y señales que Dios realizó por su medio, como bien saben" (Hechos 2:22).

Cuando proclamamos la Buena Nueva de Jesús, debemos recordar que aquellos a quienes la proclamamos se preguntan: ¿Quién es este Jesús? ¿Qué ha hecho? y ¿Qué puede hacer él por mí? Para poder preparar los

> **Cuando Jesús entró en escena hace dos mil años, comenzó su misión haciendo una afirmación sorprendente.**

> **Proclamar la Buena Nueva de Jesús requiere proclamar sus increíbles obras.**

corazones y las mentes de las personas, nos corresponde contar las historias de las increíbles obras de Jesús, comenzando con las historias en las Sagradas Escrituras en las que devuelve la vista a los ciegos, cura a los enfermos, transforma el agua en vino, calma las tormentas y resucita a las personas de entre los muertos. Pero no debemos detenernos allí; si realmente queremos aflojar el suelo de los corazones y las mentes, ¡debemos contar las historias de las cosas increíbles que Jesús ha hecho y está haciendo por nosotros, en nuestra propia vida! Necesitamos compartir cómo Jesús nos ha transformado, curado (ya sea física, emocional o espiritualmente), elevado a una nueva vida y permitido vivir de una mejor manera.

Piense en lo que sucede cuando compra un automóvil nuevo o hace alguna inversión importante. Si usted es como yo, aborda la situación con una actitud de resistencia, ocultando cualquier indicio de que está ansioso por hacer una compra. La presión la tiene el vendedor para mostrar su conocimiento del producto y sorprender con los detalles de lo que el producto puede hacer. Su trabajo es convencerlo de que usted necesita este producto y no podrá lograrlo sin un conocimiento completo de las capacidades del producto. Lo mismo es cierto para nosotros como discípulos de Jesucristo. Estamos tratando con personas, muchas de las cuales se resisten a invertir en Jesús. Es nuestro trabajo convencerlas de que tener a Jesús en sus vidas cambiará las cosas por completo. Para poder lograrlo, debemos ser capaces de hablar sobre la Persona de Jesucristo y describir lo que él ha hecho y está haciendo por aquellos que buscan su ayuda. Al hacerlo, estamos incitando, incluso atrayendo, a las personas a "poner" a Jesús en su "carrito de compras". ¡El paso que tomamos justo antes de proceder a "la caja"!

Sin embargo, la clave es recordar que nuestro objetivo es proclamar a Dios, no solo enseñar un conjunto de conceptos, creencias o principios. No somos maestros de un tema, sino facilitadores de un encuentro. Piense en esto. Hay una gran diferencia entre contarle a alguien sobre una celebridad quien hemos investigado y presentarle a una celebridad

a quien conocemos personalmente. Entonces, ¿cómo llegamos a conocer a Jesús personalmente? A través de encuentros de oración y de las historias de los Evangelios. Como catequistas, debemos presentar al Jesús de los Evangelios a quienes enseñamos, haciendo de estas historias la pieza central de nuestra catequesis. Con demasiada frecuencia nuestra catequesis toma la forma de conferencias, bien intencionadas y altamente organizadas, pero siguen siendo solo conferencias. Bosquejos y listados de principios y conceptos que resumen el mensaje de Jesús. Jesús, por otro lado, enseñó con mayor frecuencia contando historias y realizando obras que se convirtieron en historias. Si queremos proclamar las grandes obras del Señor de una manera que toque los corazones de quienes enseñamos, debemos dominar el arte de contar historias e invitar a quienes enseñamos a reflexionar sobre las historias de los Evangelios como una forma de encontrarse con Jesús.

Las historias conducen a la comprensión, a la acción y, por último, a la fe

Uno de los expertos más importantes en el arte de contar historias de los últimos tiempos, el prolífico autor y orador Jack Shea, nos recuerda que nuestra narración de Jesús comienza con esta mentalidad:

"Yo nunca lo vi. Nunca lo escuché. Nunca lo toqué. Pero hubo quienes sí lo hicieron. Y se lo contaron a otros, quienes, a su vez, les dijeron a otros, quienes les dijeron aún a otros más, que finalmente me lo dijeron a mí. Y ahora, yo te lo digo a ti. Y tú, entonces, puedes decirles a los demás. Y así, ya ves, nunca tendrá final" [v.d.t.] *An Experience Named Spirit* [Una experiencia llamada Espíritu].

> "¿Qué ha hecho él por mí? Me ha amado y me ha dado todo su ser. ¿Qué debo hacer por él? Lo amaré y me entregaré a él sin reservas" [v.d.t.].
> —San Ignacio de Loyola

Jack Shea, afirma que "la memoria de Jesús es necesaria para discernir la actividad actual del Espíritu" [v.d.t.]. Si esperamos guiar a quienes enseñamos a tener un encuentro con Jesucristo en el presente, debemos proclamar poderosamente las historias del Evangelio que transmiten su memoria. Las historias de los hechos asombrosos de Jesús constituyen nuestra Tradición. Sin embargo, esa tradición debe ser transmitida por seres humanos de carne y hueso: por los catequistas. Nuestro objetivo es establecer y facilitar un diálogo con las Escrituras que permita que las historias del pasado hablen de las experiencias del presente. Jack Shea continúa enfatizando por qué las historias son tan eficaces: son interesantes, son accesibles, transmiten significado, enfatizan la iniciativa de Dios, demuestran el "lenguaje de Dios" [v.d.t], crean imágenes, generan más narración de historias y conducen a la comprensión y la acción y, por último, a la fe.

Narrar historias crea lo que el autor cristiano Nate Wilson llama "el aroma del Evangelio" [v.d.t.]. Un aroma, por supuesto, es algo que nos envuelve, nos penetra y permanece con nosotros. Para crear eficazmente el "aroma del Evangelio" a través de la narración de historias, debemos prestar atención a varios elementos clave:

> **Narrar historias crea "el aroma del Evangelio".**

➕ **Prepárese.** Para ser un buen narrador, debe hacer su tarea. Por supuesto, lea la historia de antemano (varias veces) y adéntrese en ella, permitiendo que le hable y permitiéndose conocerla. Luego, asegúrese de centrarse en el punto principal de la historia sobre el que desea llamar la atención. Incluso puede considerar grabarse contando la historia para poder revisarla y hacer ajustes. Finalmente, la forma más poderosa de contar una historia es aprenderla y contarla de memoria, en lugar de leerla.

> Cuéntame los hechos y aprenderé. Dime la verdad y lo creeré. Pero cuéntame una historia y vivirá en mi corazón para siempre [v.d.t.].
> —PROVERBIO NATIVO AMERICANO

⊕ **Cree un mundo.** Así como los videojuegos crean mundos para que los jugadores se sumerjan en él, un narrador de historias eficaz crea un mundo para que los oyentes entren en él con su imaginación. Considere usar accesorios, efectos de sonido, arte y música. Use su voz, expresiones faciales y lenguaje corporal para indicar diferentes narradores en la historia. Maximice su espacio para contar historias moviéndose alrededor del lugar e incluya la participación del público cuando sea posible.

⊕ **Emplee la comunicación no verbal.** Algunas de las partes más eficaces de la narración se realizan a través de expresiones no verbales. No solo use su voz para contar una historia, ¡use todo su cuerpo! Piense en su postura, cómo usa sus ojos (haciendo expresiones y haciendo contacto visual con diversos participantes) y cómo se mueve por el espacio que le rodea.

> Un narrador de historias eficaz crea un mundo para que los oyentes entren en él con su imaginación.

⊕ **Utilice su voz como herramienta.** La narración no es solo cuestión de leer una historia. Necesita contar una historia con su voz. Eso significa prestar atención al volumen (subirlo y bajarlo para crear drama), así como al ritmo, al silencio, a las pausas y al tono.

Aquí se muestra un guion de la narración dramatizada de una historia del Evangelio (Jesús sana a la hija de Jairo) del manual para catequistas de *Encontrando a Dios: nuestra respuesta a los dones de Dios*, Grado 5, de Loyola

Press (basado en Marcos 5:21–24,35–43). A medida que lo lea, piense en todas las formas en que usaría las estrategias anteriores (movimiento, gestos, expresiones faciales, voz, pausas) para involucrar a los participantes en esta historia:

Jesús estaba enseñando junto al mar de Galilea, cuando un funcionario de la sinagoga se abrió paso entre la gran multitud. El oficial se llamaba Jairo. Cuando vio a Jesús, se arrodilló frente a él. Pero estaba tan triste que apenas podía hablar. "Mi hija está muriendo. Por favor, ven a verla. Sé que, si pones tus manos sobre ella y le rezas a Dios, ella se recuperará", imploró Jairo.

Jesús aceptó ir con él, pero mientras todavía estaban en camino, algunas personas que acababan de ir a la casa de Jairo se encontraron con ellos en el camino. "Es demasiado tarde, Jairo", dijeron. "Tu hija acaba de morir. No hay necesidad de que venga el Maestro ahora. ¿Para qué molestarlo con esto?"

Parecía que Jairo podía desmayarse de dolor, pero Jesús lo tomó del brazo rápidamente. "No importa lo que digan", le dijo Jesús. Ahora no es momento de temer; ten fe, Jairo. Jesús levantó la voz para ser escuchado por la multitud de personas que los seguían. "El resto de ustedes pueden ir a casa. Pedro, Santiago y Juan, quiero que solo ustedes tres entren en la casa conmigo". Entonces, el resto de la multitud se dispersó y dejó que el pequeño grupo de hombres siguiera su camino. Cuando llegaron a la casa, la gente estaba agitada y llorando, lo que causó una gran escena. "¿Por qué toda esta conmoción?", preguntó Jesús. "La niña no ha muerto, está dormida".

"¡Quién podría decir algo tan cruel!" exclamó uno de los presentes. "¿Estás loco? La niña está muerta. ¡La vi respirar por última vez!" gritó otro testigo. "Saquen a este hombre de aquí; acaba de entrar y habla como si supiera más que nosotros. ¡Esta familia ha pasado por suficiente!"

(continúa en la siguiente página)

Jesús respondió con calma: "Todos ustedes, salgan de aquí. Dennos un poco de tiempo a solas. Adelante . . .". Entonces, todos se fueron, excepto Jesús, Pedro, Santiago, Juan, Jairo y su esposa. Fueron a la habitación donde estaba acostada la niña. Jesús se sentó a su lado, se inclinó, se acercó a su pálido rostro y cerró los ojos. Suavemente, la tomó de la mano. "¡Niña, te lo digo: levántate!" ordenó Jesús. Tan pronto como Jesús pronunció las palabras, la niña se levantó de la cama y comenzó a caminar. La niña tenía solo doce años. Jairo exclamó: "¡Oh, está viva!" Su esposa gritó: "Alabado sea Dios". La niña se acercó a Jesús y lo abrazó. Él le sonrió y le acarició el pelo. Pero su mirada era severa cuando miró a sus padres. Jesús les pidió que no contaran a nadie lo que habían visto: "Ellos lo malinterpretarían". Jairo respondió: "Sí, Maestro Bueno. Haremos lo que usted diga". Jesús sonrió entonces y suavemente condujo a la niña de regreso a los brazos de sus padres. "Su hija estará bien ahora, pero la enfermedad la ha debilitado; denle algo de comer".

Un catequista estaba haciendo todo lo posible por contar dramáticamente la historia del Antiguo Testamento sobre la esposa de Lot, que se convirtió en una estatua de sal cuando miró hacia atrás. De repente, un niño de su grupo levantó la mano y gritó con entusiasmo. "¡Algo así le pasó a mi mamá la semana pasada!". Cuando el catequista le preguntó qué quería decir, él dijo: "Ella miró hacia atrás una vez mientras conducía". El catequista preguntó, "¿Y qué le pasó?". El niño respondió, "se quedo hecha una estatua cuando se dio cuenta que había chocado contra un poste de teléfono".

Olvide el "Érase una vez . . ."

Un consejo. No comience una historia bíblica con: "Érase una vez . . . ". Esa frase servirá para trivializar lo que está a punto de decir y reducirlo a un cuento de hadas. Simplemente dígale a su audiencia que les va a contar una historia, haga una pausa y luego láncese a ella. Del mismo modo, no diga "Fin" al concluir la historia. Simplemente relate la última frase de la historia y déjelo así.

Hablar el lenguaje del Reino

Contar historias es una de nuestras formas de "hablar" en el Reino de Dios. Matthew Halbach escribe que estas poderosas historias "nos sacan de nuestra zona de confort y nos transportan a los límites de la realidad, el umbral entre nuestro mundo y el Reino de Dios, donde la diferencia entre nuestros pensamientos y nuestros caminos y los de Dios es tristemente clara" [v.d.t.] ("What Parables Can Teach the Synod Fathers and the Church Today" ["Lo que las parábolas pueden enseñar a los Padres Sinodales y a la Iglesia hoy"]. *Catechetical Leader* [Líder Catequético], marzo de 2015). Las historias logran este objetivo cuando logran todo lo siguiente. Invitan al oyente a:

> Contar historias es una de nuestras formas de "hablar" en el Reino de Dios.

- ➕ considerar una realidad alternativa
- ➕ entablar una relación con el narrador
- ➕ encontrar el pensamiento de Dios
- ➕ considerar una forma de pensar contraria a la lógica
- ➕ aceptar con gusto un futuro que viene y que no se puede detener
- ➕ seguir a Jesús más de cerca
- ➕ contemplar el arrepentimiento
- ➕ profundizar el compromiso

Sin embargo, es importante que no nos detengamos allí. No es suficiente contar las historias de lo que Jesús hizo en el pasado. Debemos continuar entrelazando una narrativa en la que nuestros participantes puedan

Los mitos sobre la narración de historias

¿Qué nos impide usar más eficazmente el poder de la narración de historias para hacer discípulos? Según la autora cristiana, evangelizadora y narradora de historias Christine Dillon, tenemos que poner fin a una serie de mitos sobre la narración de historias, como por ejemplo que los adultos no escuchan historias, las historias son solo para culturas no alfabetizadas, los hombres no escuchan historias, las historias no ayudan a los discípulos a crecer o a madurar, la narración de historias conducirá a la herejía, la narración de historias es un método demasiado lento y muchos otros más. (*Stories Aren't Just for Kids* [Las historias no son solo para niños]). Ella también afirma, con mucha razón, que muchos de aquellos a quienes proclamamos el Evangelio son analfabetos bíblicos y que no podemos suponer que conocen las historias de los Evangelios (*Telling the Gospel Through Story: Evangelism That Keeps Hearers Wanting More* [Contar el Evangelio a través de la historia: evangelismo que mantiene a los oyentes queriendo más]). Si vamos a "volver a proponer" el Evangelio a nuestra cultura, como sugiere la Nueva Evangelización, ese objetivo requerirá volver a proponer las historias de las Escrituras.

ingresar, una narrativa que describa a Jesús actuando continuamente en la vida de su pueblo a lo largo de los siglos (¡es por eso que contamos historias de las vidas de los santos!) y hasta en el día de hoy, en nuestra propia vida. Esto significa que necesitamos contar historias de lo que Jesús ha hecho por nosotros cuando hemos experimentado impotencia, dolor, vacío, ansiedad, desesperación, etcétera, así como también la forma en que lo hemos encontrado en momentos de gran alegría: cualquier experiencia que haya conducido a un cambio importante en nuestra vida. Si quiere compartir su historia personal de cómo se ha encontrado con Jesús, intente contar historias sobre cómo se ha encontrado con el Señor a través de experiencias como las siguientes:

+ un cambio en su estado de empleo
+ un compromiso o matrimonio
+ convertirse en padre

- un cambio de residencia
- lidiar con una adicción (la suya o la de un ser querido)
- sobrevivir a cualquier forma de abuso
- entrar a la universidad
- perder a un ser querido
- asumir un proyecto difícil
- una experiencia voluntaria ardua
- unas vacaciones
- la falta de descanso, sueño o recreación
- un aumento de responsabilidades
- cuando los hijos se van de casa
- un cambio en su estado de salud (como una lesión o enfermedad)
- un cambio en su situación financiera
- la jubilación (la suya o la de su cónyuge)
- un ser querido enviado a la guerra
- un joven adulto que se va de casa
- cuidar a un padre o madre de edad avanzada
- un cambio importante en la dieta
- enfrentar un conflicto
- tener problemas legales
- alcanzar un gran logro
- combinar familias distintas
- alcanzar un escalón en la vida
- visitar un lugar de gran belleza natural
- un divorcio o el final de una relación
- una experiencia de fracaso
- una experiencia cercana a la muerte
- lidiar con una enfermedad crónica
- un momento de intensa alegría
- un ser querido le dice que es homosexual
- recibir una reprimenda o regaño

Si usted y yo vamos a ser catequistas evangeli-zadores que esperan preparar los corazones y las mentes de las personas, debemos hacer una pausa y preguntarnos: "¿Qué grandes cosas ha hecho Jesús por mí?", y luego debemos contar esas his-torias. Pase un tiempo en oración, pidiéndole a Jesús que lo ayude a ver las formas en que ha estado presente en su vida, lo ha transformado y lo ha sanado. Y luego, pídale que lo ayude a contar su historia y a invitar a otros a entrar en sintonía con sus propias historias.

> **Debemos preguntarnos, "¿Qué grandes cosas ha hecho Jesús por mí?".**

Hablar como TED

Como Iglesia, debemos seguir el ejemplo de las exitosas charlas TED, que eficazmente persuaden y animan a grandes números de personas a transformar el corazón y la mente en una variedad de temas. ¿Cómo lo logran? No mediante discursos o debates, sino a través de la narración eficaz. Los expertos dicen que una buena charla TED es aproximadamente dos tercios narración, mientras que el otro tercio son datos informativos que generalmente se proporcionan en no más de tres "segmentos".

Narración de historias: el método preferido de Jesús

Los discípulos de Jesucristo no se forman involucrando a otros en el debate o dando discursos sobre los principios de los dogmas de la Iglesia o mediante la apologética; esas importantes herramientas pueden usarse después en el proceso de la catequesis. El método preferido de Jesús para involucrar a otros y enseñar sobre el Reino de Dios fue la narración de historias. Las personas están más abiertas a escuchar una historia sobre una experiencia cotidiana en la que se revela la cercanía de Dios. Si vamos a prepararlos para la Buena Nueva, debemos aprender a convertirnos en narradores, porque las historias han sido y siguen siendo una de las formas más eficaces de des-pertar la imaginación, que es lo que sucede cuando uno tiene un encuentro con Cristo.

Desafortunadamente, la imaginación a veces es malentendida y se desconfía de ella. Pensamos que la imaginación está fuera de contacto con la realidad cuando, en realidad, la imaginación es nuestra capacidad de ver más allá de la realidad. En cierto sentido, la imaginación es la clave para navegar, descifrar y trascender la realidad que se ve a simple vista para que podamos reconocer la realidad invisible ("todo lo que es visible e invisible"). La imaginación está en el corazón del mensaje del Evangelio porque las historias están en el corazón del Evangelio. Finalmente, la proclamación increíblemente imaginativa de Jesús del Reino de Dios es mucho más que la propuesta de una forma preferida de ver la realidad. Es una invitación a una forma indispensable de ver. En esencia, la imaginación es un requisito necesario para la esperanza. Usar la imaginación es desarrollar una forma de acercarse a la realidad que, aunque no sea contraria a la razón, va más allá de la razón y nos pone en contacto con el misterio. El autor John Shea describe el papel prominente de la imaginación en la espiritualidad cuando dice: "Pensar es el mobiliario y la imaginación es la habitación. Podemos reorganizar los muebles todo lo que queramos, pero a veces lo que necesitamos es una habitación más grande" [v.d.t.] (*Stories of Faith* [Historias de fe]). ¡Saber contar historias es el arte de construir una habitación más grande!

Las historias que contamos no son frívolas, ni tienen el propósito de entretener. Personifican las grandes obras del Señor. Las acciones se relacionan directamente con el corazón y con la mente de una persona. A lo largo de las Escrituras, Dios revela su corazón y su mente, no solo por lo que dice, sino principalmente por sus acciones amorosas, entre las que se incluyen la Creación, el pacto de su Alianza, la liberación de los judíos de la esclavitud y las innumerables veces que perdona a su pueblo a pesar de la infidelidad que le muestran. Jesús, igualmente, es conocido por sus acciones, entre las

> La imaginación está en el corazón del mensaje del Evangelio porque las historias están en el corazón del Evangelio.

> Usar la imaginación es desarrollar una forma de acercarse a la realidad que, aunque no sea contraria a la razón, va más allá de la razón y nos pone en contacto con el misterio.

cuales se incluyen sus milagros, su tiempo con los marginados, su perdón de los pecados y, en última instancia, su Pasión, muerte y Resurrección. Estas son las historias que contamos. Si queremos que las personas a las que enseñamos tengan un encuentro con Cristo, debemos contarles sobre las increíbles obras de Jesús y, si queremos hacerlo de manera efectiva, debemos comunicar esa información en la forma de una historia.

Historias verdaderas

Cuando estaba enseñando una unidad sobre la moralidad a algunos alumnos de octavo grado, estábamos explorando el Séptimo y Octavo Mandamiento sobre no robar ni dar falso testimonio contra nuestro prójimo. Les conté a los jóvenes una historia sobre cuando estaba en octavo grado, trabajando con un grupo de otros cuatro compañeros en un proyecto de ciencias que involucraba peces de agua salada. Nuestra profesora, la hermana Laurenta, nos dio permiso de caminar a la tienda de animales durante el almuerzo (¡algo que se permitía hacer en aquel tiempo!) para comprar algunas de nuestras cosas. Mientras estuvimos allí, el propietario nos dijo que tenía que ir a su depósito en la parte posterior de la tienda para encontrar uno de los artículos que solicitamos. Cuando desapareció, el líder de nuestro grupo nos dijo: "¡Oigan, miren esto!" y procedió a tomar varias bolsas de sal para acuario y las metió en su chaqueta. El resto de nosotros lo miraba, atónitos; nunca habíamos visto a nadie robar y mucho menos a alguien conocido. El propietario salió, y nerviosamente completamos nuestra compra y salimos de la tienda sin que él se diera cuenta de lo que le faltaba. O así pensamos. Más tarde ese día, el propietario llamó a la escuela y dijo que sospechaba que un grupo de jóvenes le había robado. La hermana Laurenta nos llamó uno por uno para preguntarnos qué había pasado y si habíamos visto a alguien tomar las bolsas de sal. ¿Y cómo respondió el joven Joey Paprocki cuando la hermana le preguntó? "¡Oh no, hermana! ¡No vi nada de eso!".

Ahora, era el turno de los jóvenes a quienes les estaba narrando la historia de quedarse estupefactos. "¿Usted hizo eso?", dijo uno de los estudiantes, con aliento entrecortado. "Sí, lo hice. Y no estoy orgulloso de ello en absoluto. Ayudé a un amigo a robar y le mentí a una persona con autoridad". A partir de ese momento, noté que los jóvenes me veían de manera diferente. Hasta entonces, parecían tolerarme en el mejor de los casos y en el peor, descartaban lo que les decía. Admitirles mis faltas a través de una historia me dio credibilidad ante sus ojos. No era perfecto. Yo era alguien que luchaba como ellos para hacer lo correcto. Esa experiencia me enseñó que la narración de historias puede penetrar el suelo de los corazones y las mentes de una manera que un discurso nunca podría. Es especialmente útil compartir historias de nuestros propios fracasos y rupturas, porque los jóvenes a quienes enseñamos tienden a pensar que somos adultos aburridos que nunca hemos roto las reglas o que nunca han hecho algo malo.

Preguntas para la reflexión y el diálogo

> Piense en un comercial de televisión que hace afirmaciones sorprendentes sobre lo que puede hacer un producto o servicio. Piense en un candidato para un cargo político que ha hecho afirmaciones sorprendentes de lo que él o ella hará si es elegido. ¿Cuál es el propósito de hacer afirmaciones tan sorprendentes?

> ¿Qué afirmación sorprendente hizo Jesús cuando se levantó para hablar en la sinagoga de Nazaret? ¿Por qué fue tan sorprendente esa afirmación?

> Cuando los discípulos de Juan pidieron pruebas de que Jesús era el Mesías, ¿cómo respondió Jesús?

> ¿Cuáles son sus historias favoritas de las grandes obras de Jesús en el Evangelio?

> ¿Qué significa decir que los catequistas no somos maestros de un tema sino facilitadores de un encuentro con la Persona de Jesús? ¿Qué diferencia hay entre estas cosas?

> ¿Quién fue o es un gran narrador de historias en su vida? ¿Por qué las historias son un medio tan efectivo para comunicarse?

> ¿Cómo puede usar historias para narrar de manera más efectiva las poderosas obras de Jesús? ¿Qué habilidades posee para narrar historias? ¿Qué habilidades necesita fortalecer?

> ¿Qué cosas maravillosas ha hecho Jesús en su vida?

Las Sagradas Escrituras

Se le acercaron los discípulos y le preguntaron:

—¿Por qué les hablas contando parábolas? Él les respondió:

*—Porque a ustedes se les ha concedido conocer los secretos del reino de
los cielos, pero a ellos no se les concede."* (MATEO 13:10–11)

Oración

Señor Jesús, ayúdame a reflexionar sobre todas las cosas maravillosas
que has hecho por mí y por los demás para que pueda contar las historias de tus obras maravillosas. Ayúdame a ser un buen narrador de
historias para que los corazones puedan ser tocados y las vidas de los
que las escuchen puedan transformarse. Amén.

Capítulo 4

Presentar la clave para una nueva vida: dar la nuestra

Una práctica bastante común en la publicidad es llamar la atención al hacer una afirmación sobre un producto o servicio que es contraria a la lógica o que desafía el razonamiento comúnmente aceptado. Por ejemplo:

- Un plan de dieta que promete que podrá bajar de peso en 30 días comiendo todo el tocino que desee.
- Una cerveza ligera que promete un sabor fuerte con solo 64 calorías.
- Una loción para el cuerpo que promete recomponerlo físicamente.
- Una pulsera que promete aliviar el dolor de la artritis.

La clave para la vida eterna

Si bien estas afirmaciones parecen demasiado buenas para ser verdad, también despiertan nuestra curiosidad. Queremos ver la prueba nosotros mismos, como cuando el apóstol Tomás escuchó a los otros apóstoles afirmar que Jesús había resucitado de la muerte. Tomás respondió que necesitaba ver esto por sí mismo, y vaya que lo invitaron a una demostración personal (Juan 20:24–29).

En el corazón de nuestra proclamación del camino mejor de Jesús existe una afirmación que desafía todo pensamiento razonable: **¡La clave para la vida eterna es morir!** Básicamente les preguntamos a

> En el corazón de nuestra proclamación del camino mejor de Jesús existe una afirmación que desafía todo pensamiento razonable: ¡La clave para la vida eterna es morir!

quienes enseñamos "¿Les interesa la vida eterna?" y cuando las personas expresan interés, les mostramos a un hombre crucificado. Proclamamos el Misterio Pascual, que enseña que la muerte no es el fin, sino la clave de la transformación que trae nueva vida. Y esta comienza con entregar la vida. Para poder preparar de manera eficaz los corazones y las mentes de las personas, debemos enseñar a personas de todas las edades cómo dar su vida por los demás. Jesús dijo: "Nadie tiene amor más grande que el que da la vida por los amigos" (Juan 15:13). Jesús, por supuesto, dio su vida por nosotros. A través de los siglos de la historia de la Iglesia, muchos mártires han dado su vida por su fe. Y, de hecho, mucho personal militar, así como socorristas, han dado su vida por los demás. Además, muchos profesores han dado su vida para salvar a sus estudiantes en tiroteos masivos.

¿Qué pasa con el resto de nosotros? Aún no hemos muerto y probablemente no seremos heridos físicamente ni seremos martirizados a causa de nuestra fe. Entonces, ¿está el "amor más grande" fuera del alcance de la persona común y corriente? Desafortunadamente, hemos definido demasiado estrechamente lo que significa "dar la vida por los demás". Mientras que algunos, como Jesús, mueren físicamente por otros, el resto de nosotros estamos llamados a dar nuestra vida por los demás a diario. Morir por los demás es el máximo ejemplo, pero, **dar la vida significa dejar a un lado nuestras propias necesidades para atender las necesidades de los demás. Este es el corazón del mensaje que proclamamos. Es el corazón de lo que conocemos como el Misterio Pascual.**

> **Dar la vida significa dejar a un lado las propias necesidades para atender las necesidades de los demás.**

Estamos llamados a dar nuestra vida todos los días. Los padres de familia y los cónyuges dejan de lado sus propias necesidades para atender las necesidades de sus hijos, los unos de los otros y quizás de sus padres mayores. Los profesores y los catequistas dejan de lado sus propias necesidades para atender las necesidades de sus estudiantes. Los médicos y las enfermeras dejan de lado sus propias necesidades para atender las necesidades de sus pacientes. Los trabajadores dejan de lado sus propias necesidades para atender las necesidades de sus clientes o compañeros de trabajo. Y así. Nuestro trabajo como catequistas es enseñar a las personas cómo dar su vida por los demás. En la espiritualidad ignaciana, esto simplemente se conoce como "personas para los demás". Inculcamos esta noción de ser personas para los demás al brindarles a nuestros alumnos oportunidades para practicar el amor desinteresado. Ya sea que los llamemos proyectos de servicio, experiencias de misericordia, proyectos de personas para los demás, o algo más, debemos ocuparnos de iniciar a quienes enseñamos en el aprendizaje de acciones de amor desinteresado: dar la vida por los demás.

Un aprendizaje en el amor desinteresado

Hace varios años trabajé como catequista de sexto grado en una parroquia en la que el líder catequético pidió que involucrara a los niños de cada grado en una experiencia de servicio. Hice arreglos para que los jóvenes prepararan y sirvieran la cena para padres y familias de niños hospitalizados en la Casa Ronald McDonald local. Disfrutaron mucho la experiencia. Al final del año, cuando les pregunté qué les había gustado más de la educación religiosa ese año, cada uno de ellos identificó la experiencia de servicio como su momento favorito. (¡Yo pensé que había enseñado algunas clases increíbles ese año, pero obviamente palidecieron en comparación a la experiencia de servicio!). No fue de sorprender que este fuera su momento favorito, ya que tocó sus corazones y pudieron poner en acción lo que estaban aprendiendo. Tuvieron la experiencia de entregar sus vidas y, al hacerlo, descubrieron una nueva vida. La experiencia labró el suelo de sus corazones y mentes. Un niño de sexto grado incluso me dijo que les preguntó a sus padres si podían hacer un voluntariado como familia allí en el futuro cercano. Como catequistas evangelizadores, necesitamos hacer más que adoctrinar. ¡Necesitamos alentar! Necesitamos movilizar a las personas para que participen en obras que se caracterizan por dejar de lado sus propias necesidades y atender las necesidades de los demás.

> Como catequistas evangelizadores, necesitamos hacer más que adoctrinar. ¡Necesitamos alentar!

La formación en la fe debe parecerse a un aprendizaje en el amor desinteresado, porque el amor desinteresado es la esencia misma de Dios. Es un amor que siempre busca el bien del otro. Involucrarse en el amor desinteresado es ingresar a la vida de la Trinidad, una comunidad de tres Personas con amor tan desinteresado que Dios es Uno, y nuestra formación en la fe debe tratar de hacer nada menos que llevar a quienes enseñamos a la vida de Dios.

Al final del capítulo anterior, señalamos que las personas son conocidas por sus acciones. En última instancia, así es como Dios se nos ha revelado a lo largo de los siglos, a través de sus acciones. Y si esas acciones se pueden resumir en una palabra, esa palabra sería *abnegación*. Si bien las Escrituras nos dicen que Dios es amor, es importante recordar que el amor no es solo una característica de Dios, sino que es la *esencia misma de Dios*. Del mismo modo, es importante saber que el amor que Dios nos muestra es un cierto tipo de amor: es el amor desinteresado. La palabra griega que se usa en el Nuevo Testamento para decir amor es ágape, que va más allá de lo sensual/romántico (*eros*), más allá de lo cariñoso/familiar (*storge*) y más allá de lo íntimo/emocional (*philia*). El amor ágape es perfectamente incondicional y desinteresado. La entrega de sí mismo es la naturaleza de Dios. Esta noción se resume en el conocido versículo del Evangelio, Juan 3:16: "Tanto amó Dios al mundo, que entregó a su Hijo único, para que quien crea en él no muera, sino tenga vida eterna". El amor de Dios por el mundo se manifiesta al entregarse a sí mismo. El amor de Dios no es una especie de sentimiento ambiguo de afecto ni un tipo de noción abstracta.

Para las personas hechas a imagen y semejanza de Dios, el amor desinteresado se muestra a través de la caridad y la justicia: a través de una preocupación radical por el bienestar de todo el Pueblo de Dios. A lo largo de la historia, muchas personas han ejemplificado este amor entregado de Dios por su pueblo. Un ejemplo contemporáneo fue Dorothy Day. Si Dorothy Day representaba algo, era el eje que son las obras de misericordia en la vida de los católicos. Una vez dijo que todo lo que hace una persona bautizada debe estar directa o indirectamente relacionado con las obras de misericordia corporales y espirituales. A diferencia de algunos que reducen el cristianismo a una filosofía, Dorothy Day sabía que el cristianismo era un conjunto de prácticas personificadas: cosas que *hacemos* por los demás. Cuando participamos en obras de misericordia, dejamos de lado nuestro ego y ponemos nuestro enfoque en las necesidades de los demás. Esto no es

> Nosotros somos formados y moldeados por nuestros pensamientos. Aquellos con mentes moldeadas por pensamientos desinteresados dan alegría cuando hablan o actúan. La alegría los sigue como una sombra que nunca los abandona. [v.d.t.]
> —BUDA

solo algo bonito que hacemos como cristianos, es lo que nos define (o al menos lo que debería definirnos).

Esta es precisamente la razón por la que incorporamos elementos de servicio en nuestros programas de catequesis. Sin embargo, siguiendo el espíritu de Dorothy Day, propongo que dejemos de referirnos

> **Dios insiste en que sus hijos, hechos a su imagen y semejanza, se amen unos a otros de la misma manera desinteresada y generosa en que Dios nos ha amado.**

a estos elementos como "horas de servicio" o "proyectos de servicio", y que los llamemos **"experiencias de misericordia"**. Las escuelas públicas requieren horas de servicio como una forma de crear buenos ciudadanos e inculcar una recta actitud ética. Los católicos participan en el servicio del ministerio como una forma de promover la amorosa misericordia de Dios a los demás, compartiendo las cargas de los demás y "moviéndose en

Las acciones de Dios hablan en voz alta

El amor de Dios se caracteriza por sus acciones concretas de entrega, incluso cuando la persona que las recibe no las merece o no ha hecho nada para ganarse ese amor:

> Dios nos dio toda la creación.
> Dios dio a Adán y Eva ropa para usar al salir del jardín del Edén.
> Dios dio a Caín una marca para protegerlo después de asesinar a su hermano, Abel.
> Dios dio libertad al pueblo judío esclavizado.
> Dios dio a su pueblo el maná en el desierto.
> Dios dio a su pueblo su Ley.
> Dios dio a su pueblo la Tierra Prometida.
> Dios dio a su pueblo reyes para dirigirlos.
> Dios dio a su pueblo profetas para guiarlos.
> Dios dio al mundo a su único Hijo, Jesucristo.
> Dios dio el Espíritu Santo a su Iglesia.

No es de extrañar, entonces, que Dios insista en que sus hijos, hechos a su imagen y semejanza, se amen unos a otros de la misma manera desinteresada y generosa en que Dios nos ha amado.

sincronía con los ritmos más profundos de la creación" [v.d.t.] (*The Strangest Way* [La manera más extraña], obispo Robert Barron, 153). Como tal, estas obras no son proyectos ni horas de servicio, sino experiencias de la persistente misericordia y el amor desinteresado de Dios.

Si estamos esperando a que comiencen las clases de Confirmación de octavo grado o preparatoria para involucrar a los jóvenes en horas de servicio o experiencias de misericordia, ¡estamos esperando demasiado y permitiendo que el suelo se compacte! Desde el comienzo mismo de la formación en la fe, incluidos los adultos del RICA, se debe invitar a los participantes a realizar experiencias de misericordia, experiencias de amor desinteresado en las que entreguen la vida por la vida de los demás. Esta es la forma más eficaz de aflojar el suelo de los corazones y las mentes de las personas. Morir y resucitar es la verdad central de nuestra fe. No hay forma de esquivar la cruz. Es la clave de la plenitud de la vida.

> Por encima de todo, la gracia y los dones que Cristo les da a sus amados está el de superarse a sí mismos. [v.d.t.]
> —SAN FRANCISCO DE ASÍS

Amor sacrificado

El amor que Jesús ejemplificó al morir en la cruz no solo es desinteresado; es sacrificado. El arzobispo Fulton Sheen describió el amor de Dios como un sacrificio. "Entonces, el amor divino es un amor sacrificado. El amor no significa tener, hacer propio y poseer. Significa ser poseído. No es un círculo circunscrito por uno mismo, son brazos extendidos para abrazar a toda la humanidad a su alcance" [v.d.t.]. La palabra sacrificio viene del latín que significa "hacer santo", y ser santo significa ser como Dios porque solo Dios es santo. Amar a alguien implica hacer sacrificios por esa persona, significa dejar de lado nuestras propias necesidades y anteponer las necesidades del otro. Es amar sin llevar la cuenta. Es amor que es proactivo, dinámico.

El servicio como parte del "plan de estudios básico"

Un buen ejemplo de un programa de formación en la fe que adopta esta noción de amor abnegado como el corazón de su plan de estudios lo da la parroquia de San José (St. Joseph) en Manchester, Missouri. El sitio web de la parroquia "anuncia" las oportunidades de servicio como uno de las principales carácteristicas de su programa que comienza desde las clases preescolares. Algunas de sus experiencias de servicio incluyen:

➕ **Centro de aprendizaje preescolar:** cuidadosamente recolectar libros y animales de peluche, nuevos y usados, para la iniciativa "Ready to Learn" [Listos para aprender].

➕ **Kindergarten:** crear y enviar tarjetas de recuperación a feligreses que estén enfermos.

➕ **Primer grado:** hacer equipos de manualidades para enviar al Hospital Shriners para que los pacientes puedan crear sus propias manualidades, y también recolectar libros nuevos para colorear, marcadores, crayones y pequeños juegos para ellos.

➕ **Segundo grado:** hacer mantas de lana para donar al programa "Nurses for Newborns" [Enfermeras para los recién nacidos].

➕ **Tercer grado:** participar en una correspondencia entre los niños y los feligreses mayores.

➕ **Cuarto grado:** preparar sándwiches en el mes de noviembre para el "Winter Shelter Sandwich Program" [Programa de sándwiches para el refugio de invierno] y organizar una recolección de libros después del primero del año para la Escuela de San Agustín en Wellston.

➕ **Quinto grado:** organizar una recolección de zapatos usados para la "Clean Water Mission" [Misión agua limpia] y así recaudar fondos necesarios para crear pozos de agua en diversos países desfavorecidos.

➕ **Sexto grado:** participar en diversas actividades de servicio menos visibles que involucran programas sacramentales en nuestra parroquia; ayuda con la recolección de pañales para el proyecto Mary Queen of Angels [María Reina de los Ángeles]; ayuda con el proyecto de barrer hojas de la escuela secundaria.

➕ **Séptimo grado:** asociarse con el West County Care Center [Centro de atención del condado West]; los estudiantes se turnan para visitar y ayudar a organizar una actividad de boliche o juegos con los residentes; también barrer las hojas en los terrenos de la parroquia en el otoño.

➕ **Octavo grado:** a partir del mes de septiembre y finalizando en mayo, entre cinco y seis estudiantes se asociarán con los Caballeros de Colón de San José para trabajar en el Comedor comunitario Madre Teresa el segundo y cuarto lunes de cada mes. También barrerán las hojas de feligreses ancianos y feligreses necesitados en el otoño.

En mi libro, *A Church on the Move: 52 Ways to Get Mission and Mercy in Motion* [Una Iglesia en movimiento: 52 maneras de poner la misión y la misericordia en movimiento], propuse que los planes de estudio de educación

Diez miembros de un equipo jesuita de debate de la escuela preparatoria sobrevivieron a un terrible accidente aéreo, pero quedaron colgando en un acantilado, aferrados a una rama larga y delgada. El elocuente capitán del equipo pudo aferrarse con un brazo y, usando su mano libre, tomo su teléfono celular y llamó al capellán de la escuela, un-sacerdote jesuita y ex-maestro de Física. El capitán describió su precaria situación, explicando que había diez estudiantes aferrados a una rama de 15 pies de largo pero de solo 3 pulgadas de grosor. El sacerdote respondió: "No hay forma de que esa rama aguante el peso de los diez. Alguien tendrá que hacer el sacrificio supremo para salvar a los demás. Les han enseñado a ser personas para los demás. Utiliza tus excelentes habilidades de habla persuasiva para inspirarlos. Mientras tanto, llamaré a los rescatistas". El capitán dijo que entendía, colgó el teléfono y dio un discurso apasionante e inspirador sobre cómo ser personas para los demás y cómo uno de ellos debía hacer el máximo sacrificio para que los demás pudieran salvarse. Unos momentos más tarde volvió a sonar el teléfono del sacerdote. Al ver que era el capitán del equipo, respondió rápidamente la llamada y solicitó una actualización. El capitán del equipo dijo. "Hice el discurso más apasionado e inspirador de mi vida tal como me lo dijiste, pero desafortunadamente, ¡soy el único que queda!". El sacerdote preguntó con ansias: "Bueno, ¿qué pasó?". A lo que el capitán respondió: "Cuando terminé mi discurso, todos aplaudieron".

¿Un director para las obras de misericordia?

¡El sitio web de una parroquia católica en Poway, California, revela que el equipo pastoral de la parroquia incluye un director de obras de misericordia corporales! ¡Ojalá todas las parroquias tuvieran tal puesto en su equipo pastoral!

religiosa cambiaran su enfoque tradicional en temas doctrinales para cada año de formación en la fe y más bien se centraran en temas extraídos de las obras de misericordia y la enseñanza social católica (ESC).

Currículo doctrinal tradicional	Plan de estudios basado en las obras de misericordia y la ESC
Grado 1: Dios	Grado 1: El cuidado por la creación de Dios
Grado 2: La Primera Reconciliación y Primera Comunión	Grado 2: Dar de comer al hambriento dar de beber al sediento
Grado 3: La Iglesia	Grado 3: El Llamado a la familia, a la comunidad y a la participación
Grade 4: Los Diez Mandamientos/ la moralidad	Grado 4: Vestir al desnudo
Grado 5: Los siete sacramentos	Grado 5: Dar posada al peregrino
Grado 6: El Antiguo Testamento	Grado 6: La opción por los pobres e indefensos
Grado 7: Jesús/el Nuevo Testamento	Grado 7: Visitar y cuidar a los enfermos
Grado 8: La historia de la Iglesia/ la Confirmación	Grado 8: La solidaridad

Finalmente, si realmente vamos a preparar los corazones de las personas al involucrarlas en obras de misericordia, debemos hacerlo enfocándonos en la tutoría y el aprendizaje. Esta idea no es nada nueva. El papel del padrino en el Bautismo es una antigua y valorada tradición en la Iglesia católica. En el Ritual de la Iniciación Cristiana de Adultos (RICA), aquellos que buscan entrar en comunión plena con la Iglesia católica deben tener un padrino cuya responsabilidad es "explicar al catecúmeno el influjo del Evangelio en la vida personal y en el ambiente social" (RICA 43). El padrino no es quien le enseña al candidato todos los dogmas y doctrinas de la Iglesia católica.

Este papel le pertenece al catequista. Por el contrario, el padrino es alguien que ayuda al candidato a familiarizarse con la práctica de la vida cristiana, motivando con el ejemplo y la ayuda para que el catecúmeno se vaya "acostumbrando a orar a Dios con más facilidad, a dar testimonio de la fe, a mantener firme en cualquier circunstancia la esperanza en Cristo, a seguir siempre la inspiración divina y a practicar el amor al prójimo" (RICA 19–2).

> Si realmente vamos a preparar los corazones de las personas al involucrarlas en obras de misericordia, debemos hacerlo enfocándonos en la tutoría y el aprendizaje.

En los últimos siglos, la Iglesia católica no ha aprovechado plenamente el rico potencial del papel del padrino y, por lo tanto, de la relación padrino/aprendiz. Un padrino o mentor espiritual es un católico comprometido que comparte con otro católico menos experimentado (o alguien interesado en convertirse en católico) cómo él o ella practica la fe en la vida diaria. Un padrino no está para solucionar problemas, es en realidad un compañero de viaje. La comunicación es la clave de esta relación. El padrino no tiene capacitación profesional. Más bien, la relación se basa en la experiencia, la gratitud, la confianza y un deseo compartido de seguir a Jesús más de cerca.

Los fundamentos de un aprendizaje

Hace años era común que una persona joven aprendiera un oficio como aprendiz de un maestro en ese oficio. Cuando se publicó en 1997, el *Directorio General para la Catequesis* creó cierta emoción al declarar que la formación en la fe debía entenderse como un aprendizaje (párrafo 67). ¿Qué significa el aprender de alguien en la fe católica? Para responder a esta pregunta, veamos los aspectos esenciales de un aprendizaje:

➕ El objetivo de un aprendizaje es que el aprendiz trabaje en estrecha colaboración con un tutor calificado para aprender los conocimientos y habilidades esenciales para el oficio.

➕ El aprendizaje implica trabajo práctico acompañado de estudio (aprendizaje en el aula).

➕ Los aprendices se consideran empleados de tiempo completo que están aprendiendo en el trabajo.

➕ El aprendizaje a menudo dura varios años, pero con frecuencia se basa en la aptitud del aprendiz (con escalones específicos en el curso del apredizaje) en lugar de solo en el tiempo.

➕ El aprendiz aprende directamente de un maestro experto que lo ayuda a dominar su oficio.

➕ El mentor debe estar dispuesto a compartir sus conocimientos, habilidades y experiencia, y tiene un interés personal en su aprendiz, lo que desarrolla una relación de confianza.

➕ El mentor debe ser capaz de proporcionar orientación, motivación, corrección y retroalimentación constructiva.

➕ El mentor comparte sabiduría personal, consejos, estrategias, enfoques, experiencias, historias, percepciones, errores y éxitos. Presenta al aprendiz a otros colegas que pueden brindarle apoyo.

➕ El mentor no es alguien que tiene todas las respuestas, pero es un facilitador del aprendizaje y el crecimiento.

➕ El aprendiz es en última instancia responsable de su propio crecimiento.

La formación en la fe debe adoptar la apariencia de una relación mentor-aprendiz en lugar de una relación maestro-alumno, si esperamos preparar los corazones de aquellos a nuestro cuidado. Y ese aprendizaje debe centrarse no tanto en el ministerio (que está diseñado para edificar la Iglesia) como en el apostolado (que está diseñado para transformar el mundo). Nuestro trabajo no es crear sacerdotes, sino empoderar personas para vivir su Bautismo y transformar el orden temporal. Nuestro objetivo no es involucrarlos más en la parroquia, sino involucrarlos más en el mundo, mientras los ayudamos a ver que tales obras fluyen desde y hacia la Eucaristía y la vida de la parroquia.

> **La formación en la fe debe adoptar la apariencia de una relación mentor-aprendiz en lugar de una relación maestro-alumno.**

Laboratorios de la misericordia

Hay una razón por la cual las clases de ciencias generalmente se combinan con laboratorios de ciencias: en un laboratorio, los estudiantes experimentan de primera mano los conceptos teóricos que están aprendiendo en clase. Esto les da la oportunidad de verificar por sí mismos los conceptos que están aprendiendo. Al ver, tocar y manipular diversos objetos y materiales en un laboratorio, los estudiantes comprenden mejor los conceptos que están aprendiendo. Para los discípulos de Jesús, participar en las obras de misericordia sirve como un laboratorio donde el amor al prójimo se puede experimentar de cerca y en profundidad. Estas son algunas de las innumerables maneras en que los seguidores de Jesús pueden "experimentar" con las obras de misericordia corporales. Asegúrese de instruir a los alumnos para que estén acompañados y supervisados por padres u otros adultos de confianza cuando participen en obras de misericordia que los pongan en comunicación directa con personas necesitadas:

➕ **Dar de comer al hambriento.** Apoye y hagase voluntario en despensas de alimentos, comedores populares y agencias que alimentan a los hambrientos. Prepare sándwiches o lleve bocadillos para repartir mientras conduce o camina por áreas donde puede encontrarse con personas necesitadas. Infórmese sobre el hambre en el mundo. Evite desperdiciar comida. Comparta sus alimentos con los demás.

➕ **Dar posada al peregrino.** Ayude a los vecinos a cuidar sus hogares y a hacer reparaciones, apoye y/o haga voluntariado en un refugio para personas sin hogar, apoye y/o haga voluntariado en agencias de caridad que cuidan a las personas sin hogar, construyen casas y brindan apoyo como respuesta a desastres naturales. Abogue por políticas públicas y legislación que proporcione viviendas para personas de bajos ingresos. Considere convertirse en un padre adoptivo.

"¡Esto es lo que yo llamo catequesis con los zapatos puestos!"

➕ **Vestir al desnudo.** Revise su guardarropa y sus armarios en busca de ropa y zapatos en buenas condiciones para donar a agencias de apoyo a los necesitados, participe en programas que proporcionan toallas y ropa de cama para los hospitales en áreas sin recursos. Organice una campaña de donaciones de ropa para los necesitados.

➕ **Visitar y cuidar a los enfermos.** Pase tiempo de calidad con los enfermos o confinados en su hogar. Dedique tiempo para llamar o enviar una tarjeta o un correo electrónico a alguien que está enfermo. Sea voluntario para llevar a pacientes a citas médicas y centros de tratamiento. Sea voluntario en un hospital, ayude a quienes son cuidadores de tiempo completo para miembros de la familia. Cocine y entregue comidas a los enfermos y a los confinados en su hogar.

➕ **Redimir al cautivo.** Apoye y participe en ministerios para personas presas. Infórmerse sobre los programas de apoyo patrocinados por agencias que abogan por aquellos que están encarcelados injustamente. Apoye la capacitación laboral y los programas educativos diseñados para rehabilitar a los reclusos. Haga oración por las familias de los reclusos. Busque programas que durante la Navidad donan regalos a los presos y a sus familias. Apoye los esfuerzos que buscan la abolición de la pena de muerte.

➕ **Dar limosna a los pobres.** Lleve con usted billetes pequeños o cambio suelto (o libros de cupones si prefiere no llevar dinero en efectivo) para repartir entre las personas necesitadas. Ponga las monedas en un frasco y periódicamente dónelo a una organización benéfica; si es posible, haga una donación monetaria regular a una organización benéfica que atienda las necesidades de quienes han caído en la pobreza.

➕ **Enterrar a los muertos.** Asista a funerales y si puede apoyar o ser voluntario, hágalo para ayudar a las personas que están agonizando. Participe en un ministerio de duelo. Pase tiempo con las viudas o los viudos. Lleve a amigos y familiares a visitar el cementerio. Apoye los ministerios que ofrezcan entierros cristianos gratuitos a quienes no puedan pagarlos. Haga oraciones diarias por aquellos con enfermedades terminales y por aquellos que han muerto. Envíe tarjetas de duelo a las familias de los fallecidos donde se ofrecen misas; sea voluntario en almuerzos funerarios.

Todas estas son formas concretas y prácticas de ejercer el amor desinteresado, el amor sacrificado, el tipo de amor que es la esencia misma de Dios. Todos son ejemplos de un "llamado a la acción", algo que anteriormente dijimos que los especialistas en el marketing incluyen en sitios web y correos electrónicos para que las personas den el siguiente paso (por ejemplo, "¡descarge ya!"). Estos llamados a la acción católicos son formas en las que nos encontramos perdiéndonos a nosotros mismos. Son todas maneras en que recibimos vida al dar la nuestra por los demás. Y DEBEN convertirse en una parte integral del plan de estudios de formación en la fe para todas las edades, si queremos preparar los corazones y las mentes.

> Nos encontramos al perdernos a nosotros mismos.

Historias verdaderas

Algo interesante sucedió cuando llevé a esos alumnos de sexto grado a la Casa Ronald McDonald para su experiencia de servicio/misericordia (véase la página 47). Puesto que había un límite en la cantidad de voluntarios que podíamos traer, no pude invitar a sus padres a ser parte de la experiencia. Sin embargo, me comuniqué con ellos antes del evento ya que ellos necesitaban ayudar a sus hijos a preparar un plato de comida para llevar y luego dejarlos en la Casa Ronald McDonald. Esperé afuera para saludar a los voluntarios mientras sus padres los dejaban. ¡Aproximadamente la mitad de los padres preguntaron si podían entrar y ayudar! Me decepcionó rechazarlos debido a las limitaciones que teníamos, ¡pero me quedé pensando que en ninguna otra noche de las clases de educación religiosa hugo un solo padre que preguntó si podía entrar y ayudar! ¿Cuál es la razón? Simplemente porque los padres no consideran que están capacitados para asumir el papel de maestro. Sin embargo, saben lo que significa dar la vida por los demás porque lo hacen todos los días; es algo que hacen por naturaleza. Y por esa razón expresaron su deseo de ayudar. Esto me dice que cuando se trata de evangelizar a los adultos, no siempre debemos pensar en una lección o un programa para invitarlos. Más bien, deberíamos considerar invitarlos a hacer algo en lo que se sientan muy hábiles: dar sus vidas por los demás.

Preguntas para la reflexión y el diálogo

> Piense en un anuncio que hace una afirmación contra el sentido común (desafía la lógica). ¿Por qué tales afirmaciones son eficaces en la publicidad?

> ¿Qué significa decir que la afirmación central del cristianismo (el Misterio Pascual) es contradictoria?

> ¿Quién ha dado su vida por usted? ¿Por quién da usted la suya?

> ¿Qué experiencias significativas de servicio/obras de misericordia ha tenido en su propia formación de fe? ¿Cómo lo han afectado?

> ¿Cómo definiría o caracterizaría el amor sacrificado? ¿Qué significa referirse al amor de Dios como amor ágape?

> ¿Quién ha sido un tutor para usted y en qué área? ¿De qué maneras ha sido usted aprendiz alguna vez?

> ¿De qué manera son las obras de misericordia corporales como una experiencia de laboratorio para aquellos en formación de la fe?

> ¿Cómo pueden las experiencias de servicio/obras de misericordia preparar los corazones y las mentes de una manera distinta a la que se aprende en los libros?

Las Sagradas Escrituras

Éste es mi mandamiento: que se amen unos a otros como yo los he amado. Nadie tiene amor más grande que el que da la vida por los amigos. (JUAN 15:12–13)

Oración

Dios misericordioso, gracias por todas las personas que han dado su vida por mí, dejando de lado sus propias necesidades para atender las mías. Ayúdame ahora a hacer lo mismo por los demás e inspirar a quienes enseño a hacer lo mismo. Amén.

Capítulo 5

Proclamar la Resurrección como la causa de nuestro gozo

Una de las frases más utilizadas en los comerciales de televisión es: "Pero espere, ¡aún hay más!". Justo cuando cree que lo ha escuchado todo y que la oferta ya no puede mejorar, el vendedor la duplica, le dice que está a punto de mejorar, ¡más allá de sus sueños más locos! ("¡Ordene ahora y obtenga un segundo juego gratis!")

Pero espere, ¡aún hay más!

En nuestra proclamación del Evangelio, también tenemos un momento "Pero espere, ¡aún hay más!". Este es la Resurrección de Jesucristo.

Justo cuando creía haber escuchado todo lo que había que escuchar sobre Jesús —sus enseñanzas, sus milagros, sus curaciones y la entrega de su vida por nosotros al morir en la cruz— escuchamos la Buena Nueva de que ¡Cristo ha resucitado! El pecado y la muerte han sido vencidos de una vez por todas. Y si Dios puede vencer el pecado y la muerte, puede vencer cualquier cosa. ¡Así que no tenemos nada que temer y tenemos toda la razón para estar felices! De hecho, la Resurrección de Jesús no es solo uno de muchos detalles importantes sobre Jesucristo: es el aspecto central y definitivo de la identidad de Jesús. La Resurrección es la razón por la cual el cristianismo "sucedió". Es la piedra angular de nuestra fe: Jesucristo "padeció y fue sepultado, y resucitó al tercer día". Es

"Con todos sus discípulos pasando por aquí, finalmente decidí hacer un letrero".

nuestra responsabilidad como catequistas dar a conocer este aspecto, y a darlo a conocer a los demás.

La Resurrección es el punto central de la catequesis evangelizadora porque es la pieza esencial de la nueva dimensión de la vida que Jesucristo hizo posible para nosotros: la vida eterna, la cual no debe ser reducida a o equiparada con "la otra vida", sino con una nueva forma de ser humanos *ahora* a través de la participación en la vida divina de Cristo Resucitado. San Pablo declaró firmemente que "si Cristo no ha resucitado, es vana nuestra proclamación, es vana nuestra fe" (1 Corintios 15:14).

> La Resurrección de Jesús no es solo uno de muchos detalles importantes sobre Jesucristo: es el aspecto central y definitivo de la identidad de Jesús.

Entonces, ¿qué significa para nosotros proclamar al Señor Resucitado? Veamos varios aspectos importantes de proclamar a Cristo Resucitado a los demás.

Proclamar a una persona

Proclamar al Señor Resucitado significa, en primer lugar, que proclamamos a una persona, no un conjunto de creencias, ni un recuerdo, ni una lección de historia, sino una persona viva con quien se nos invita a entablar una relación. Podemos enseñar importantes lecciones sobre figuras históricas como Abraham Lincoln y el Dr. Martin Luther King Jr. Sin embargo, no proclamamos que tales figuras derrotaron a la muerte y viven en cuerpos glorificados que los permiten seguir presentes con nosotros de una manera misteriosa. Cuando proclamamos a Cristo Resucitado, estamos proclamando a una persona viva que está presente para nosotros, aunque misteriosamente, y que nos invita a una relación íntima con él. Y el Cristo que proclamamos es siempre el Cristo Resucitado. Una vez dialogaba con una catequista que estaba haciendo planes para su año catequético, y ella dijo que iba a presentar a Jesús cronológicamente para que sus alumnos se encontraran con Jesús como lo hicieron los apóstoles antes de la Resurrección. Le recordé que, si bien los apóstoles se encontraron con Jesús antes de la Resurrección, fue la Resurrección la que los obligó a salir y proclamar acerca de la persona con quien habían pasado tres años. El Evangelio siempre ha sido proclamado a través del lente de la Resurrección, y a la persona que proclamamos es siempre a Cristo Resucitado.

Facilitar los encuentros con Jesús

Proclamar al Señor Resucitado requiere que dediquemos tiempo en nuestra catequesis para invitar a los catecúmenos a tener un encuentro y hablar con él a través de experiencias de oración reflexiva. Con demasiada frecuencia enseñamos como si invitáramos a Jesús a la habitación y luego le pidiéramos sentarse en la esquina mientras hablamos de él. Este método lo convierte en un tema, y los catequistas no trabajan para enseñar un tema, sino para facilitar un encuentro con Cristo. Las experiencias de oración reflexiva en las que se conduce a las personas a tener un diálogo con Jesús sirven para aflojar la tierra compactada de los corazones y las mentes, algo que solo se puede lograr a través de las relaciones. Las personas a menudo preguntan cómo es la oración reflexiva. Pensé que sería útil compartir un ejemplo. La siguiente reflexión guiada está adaptada del programa *Encontrando a Dios: nuestra respuesta a los dones de Dios* (Loyola Press) sobre el tema "Tomar buenas decisiones" (Duración: aproximadamente 10 minutos):

Todos tenemos imaginación. La imaginación nos permite ir a lugares y hacer cosas que de otro modo serían imposibles. Hoy vamos a usar la imaginación para ayudarnos a orar. (Haga una pausa). Antes de comenzar, encuentre una posición que le resulte más cómoda. Si quiere, cierre los ojos. (Haga una pausa). Ahora relaje todo su cuerpo: su cuello . . . sus hombros . . . sus brazos . . . sus piernas. (Haga una pausa). Sienta toda la tensión que fluye hacia fuera de su cuerpo, hacia el aire y se aleja. (Haga una pausa). Quédese en silencio y escuche el ritmo de su respiración. Escuche. (Haga una pausa). Sienta su aliento entrar y salir, entrar y salir, entrar y salir. (Haga una pausa). Ahora comencemos nuestra reflexión.

Imagínese en un lugar donde le gustaría estar. Tal vez es un lugar donde se haya encontrado con Jesús anteriormente, tal vez uno nuevo. Usted elija, porque todo es posible con la imaginación. ¿Por qué no podría ser su temporada favorita del año? (Haga una pausa). Haga que el clima se adapte a usted hoy. Sitúese allí en su imaginación. Espere a que Jesús llegue a hacerle compañía. (Haga una pausa).

Jesús llega casi de inmediato. Cuando él aparece, va a su encuentro. Está contento de verlo. Escúchelo decirle lo contento que está de estar con usted nuevamente. (Haga una pausa). Como de costumbre, le pregunta qué estaba haciendo. Su respuesta a esa pregunta

(continúa en la siguiente página)

normalmente sería: "No mucho". Pero hoy es diferente. Le pregunta si ha pensando en este versículo de la Biblia: "Yo soy el Señor, su Dios, ustedes deben purificarse y ser santos, porque yo soy santo".*

Esa no es su forma de pensar habitual. Pero hay algo en este versículo que lo desconcierta. No ve nada raro en la idea de que Dios sea santo. Pero la idea de que usted sea santo, de hacerse y mantenerse santo, eso requiere un poco más de explicación. Tal vez Jesús le pida que piense en las cualidades que usaría para describir a Dios, quizás sean cualidades como amoroso, indulgente, paciente, comprensivo, generoso, etcétera. Llamemos a estas características "cualidades de Dios". Luego le pide que piense en alguien quien conoce que ejemplifique algunas cualidades de Dios. ¿Quién es? Cuéntele a Jesús sobre esta persona. (Haga una pausa).

Jesús, un gran narrador de historias, podría pedirle que comparta una historia sobre esta persona. Puede tomar tiempo elegir solo una historia, pero está bien. Dedique tiempo para recordar y luego compartir su historia con Jesús. (Haga una pausa).

Jesús explica que Dios es santísimo. Le dice que usted es santo cuando actúa como Dios. Cuando vive su vida con generosidad, comprensión y paciencia, es santo. ¡Sí! Usted es santo. Qué declaración tan asombrosa. Ahora piense en eso. (Haga una pausa). ¿Le dice a Jesús que ser santo es lo que usted quiere, o está un poco preocupado por no poder cumplir con ese llamado? (Haga una pausa).

Como de costumbre, Jesús lo consuela. Él quiere que sepa que uno no se hace santo de golpe. Crece en santidad. Cometerá errores, pero está bien. Siempre puede aprender de ellos e intentarlo de nuevo. Él le recuerda que el Espíritu Santo siempre está con usted para guiarlo. Jesús dice que él mismo lo ayudará cada vez que lo necesite. Eso, ¿lo hace sentir mejor? (Haga una pausa). Acompañe a Jesús ahora hasta el fondo de su corazón. Y ahí, solo descanse en su amor. Las palabras ya no son necesarias. Están juntos. Dese cuenta de cuánto se preocupa Jesús por usted y cuánto lo ama. (Haga una pausa).

Se da cuenta de que es ya hora de irse. Si quiere una bendición especial de Jesús, solo pídala. Acuérdese de darle las gracias y luego decirle adiós. (Haga una pausa). Poco a poco, regrese a la habitación.

* Las citas de las Escrituras en esta reflexión son del Libro del Levítico 11:44

Proclamar con alegría

¡Proclamar al Señor Resucitado requiere que *siempre* lo proclamemos con alegría! Esto no debe confundirse con "poner una cara feliz" o ser simplista. Cuando evangelizamos, estamos al frente, no con doctrina o moralidad, sino con una actitud de alegría. Esto se puede comparar con enseñarle a alguien el amor por el béisbol, algo que no logramos al darle un libro de reglas. Le enseñamos a amar el juego invitándolo a jugar béisbol y dejándolo experimentar la alegría del juego. Luego le enseñamos las reglas. De la misma manera, no hacemos discípulos de Cristo debatiendo con las personas, dándoles discursos o bombardeándolas con apologética. Lo hacemos invitándolas a experimentar la alegría de encontrarse con Cristo Resucitado.

Una de las primeras y más importantes formas en que expresamos alegría a los demás es a través de nuestra hospitalidad: nuestra forma de decirles que este será un encuentro de alegría y que su presencia se suma a esa alegría. Pocas cosas crean una sensación de alegría tanto como alguien que se deleita en nuestra presencia. Los niños constantemente buscan la atención de sus padres, rogándoles que los miren mientras hacen algo creativo. Cuando la mirada de sus padres se posa sobre ellos con deleite, experimentan una sensación de alegría. Incluso cuando somos adultos, cuando alguien nos saluda con deleite, nuestro sentido de alegría aumenta.

De hecho, es una de las herramientas de evangelización más importantes que tenemos, tan importante que los obispos de los EE.UU. la identificaron como la segunda (Meta II) de tres metas en su documento de Evangelización *Vayan y Hagan Discípulos*:

> ¡Proclamar al Señor Resucitado requiere que siempre lo proclamemos con alegría!

> Dios habla en el silencio del corazón, y nosotros escuchamos. Después le hablamos a Dios desde la plenitud de nuestro corazón, y Dios escucha. Y esta escucha y este hablar es como debe ser la oración [v.d.t.]
> —SANTA MADRE TERESA DE CALCUTA

Como parte de sus planes para hacer que la parroquia fuera más acogedora y hospitalaria, un párroco reclutó a un grupo de personas para dar la bienvenida a la gente en la misa dominical y otros eventos parroquiales. Si bien el nuevo ministerio tuvo éxito, el párroco estaba preocupado por una persona que estaba a cargo de dar la bienvenida, un feligrés jubilado de nombre Carlos, que siempre llegaba tarde. Aunque llegaba arreglado, bien afeitado, bien vestido y era educado y acogedor, Carlos siempre llegaba diez o quince minutos tarde a los eventos parroquiales. No queriendo despedir a Carlos por completo, el párroco decidió conversar con él y le dijo: "Carlos, eres muy acogedor, pero siempre llegas tarde. ¿Siempre has tenido este problema?". Carlos respondió. "Supongo que sí". Pensando que podría obtener una idea de cómo proceder, el párroco preguntó. "¿Cómo reaccionaban cuando llegabas tarde al trabajo?". Carlos se encogió de hombros y dijo: "Nada extraordinario. Se ponían de pie, saludaban, decían 'Buenos días, mi General', y me preguntaban si quería un café o té".

Invitar a todas las personas en los Estados Unidos, sea cual fuere su condición social o cultural, a escuchar el mensaje de salvación en Jesucristo a fin de que se unan a nosotros en la plenitud de la fe católica.

Los siguientes párrafos del documento continúan tratando sobre cómo esa invitación debe caracterizarse por un espíritu de bienvenida para que las personas "se sientan como en su casa" y que, para lograr esa meta, debemos "hacer un análisis de la hospitalidad en nuestras instituciones". Como catequistas, eso debe comenzar con nosotros y nuestro entorno.

El gozo es un nutriente esencial en la tierra de nuestra vida para que la Palabra de Dios eche raíces. Mientras la ira y la desesperación compactan el suelo, el gozo lo afloja. Como catequistas, jugamos un enorme papel en la difusión del gozo. Albert Einstein insistió en que "el arte supremo del maestro consiste en despertar el gozo en la expresión creativa y el conocimiento" [v.d.t.]. El gozo que difundimos no es superficial, se basa en nuestra creencia de que Cristo Resucitado está entre nosotros y que el poder de la Resurrección se comparte con nosotros. En mi libro *La experiencia transformadora de encontrarse con Cristo*, expliqué:

Crear un ambiente de gozo

Hay varias maneras en las que podemos y debemos crear un ambiente de gozo con quienes nos encontramos:

> El entorno físico debe expresar gozo para aquellos que ingresan y debe comunicar que algo maravilloso está por suceder ahí y que los estábamos esperando ansiosamente.
> La forma en que las personas son recibidas y acogidas genera gozo a su llegada.
> Cuando sea posible y permitido, los refrigerios pueden aumentar de forma importante la sensación de gozo y bienvenida.
> Otros elementos que se suman al gozo de cualquier reunión incluyen arte, imágenes, sonrisas, humor y risas, música y canto y sana diversión.

La felicidad y la alegría no son lo mismo. Los moradores del reino no son personas que ven la vida de color rosa ni que cantan despreocupadamente *Don't worry; be happy!*. No, los moradores del reino están llenos de un profundo e ilimitado gozo, que se parece poco a la euforia pasajera. Este gozo es una alegría generalizada, una paz interior que fluye por estar seguros del amor de Dios. ¡Y nada nos hace sentir más gozosos y seguros que el saber que Jesucristo ha resucitado y que volverá otra vez! Como resultado, el gozo es capaz de soportar cualquier cosa que la vida depare, hasta el sufrimiento.

El gozo es algo que experimentamos cuando reconocemos nuestro propio bienestar, por eso san Ignacio de Loyola recomendó el Examen Diario como una forma de recordar todo por lo que estamos agradecidos. Una actitud de gratitud no puede evitar ser gozosa también.

> San Ignacio de Loyola recomendó el Examen Diario como una forma de recordar todo por lo que estamos agradecidos.

El arte del acompañamiento

Finalmente, proclamar a Cristo Resucitado significa que acompañamos a personas que no están experimentando gozo, sino que están sumidas en la desesperación. El simple hecho de nuestra presencia es la garantía de que el gozo volverá; no necesitamos entablar conversaciones felices tanto como necesitamos ofrecer simplemente presencia y tranquilidad. Como el autor y erudito N.T. Wright explica en su libro *Sencillamente Jesús,* debido a la Resurrección: "Un nuevo poder se desencadena en el mundo, el poder de volver a rehacer lo que estaba roto, de curar lo enfermo, de restaurar lo perdido". Proclamar a Cristo Resucitado significa estar siempre proclamando un futuro de esperanza, no de pesimismo, pues la Resurrección de Jesucristo indica lo que nos espera si permanecemos fieles. Proclamar a Cristo Resucitado significa enseñar y practicar la misericordia, pues Cristo Resucitado regresó, no para vengarse de los que lo traicionaron, sino para ofrecer misericordia y perdón. Los seguidores de Jesús proclaman el gozo no solo a través de las palabras sino también a través de las obras, principalmente las obras de misericordia espirituales, que entre ellas están las siguientes:

➕ **Enseñar:** profundizar y compartir su comprensión de la fe con los demás; compartir sus ideas, conocimientos y habilidades con otros, especialmente con compañeros de trabajo; dedicar tiempo a dar clases particulares a quienes recién comienzan tareas como la crianza de los hijos o un nuevo trabajo; y leer literatura inspiradora y animar a otros a hacer lo mismo.

> "Hace falta una Iglesia capaz de acompañar, de ir más allá del mero escuchar; una Iglesia que acompañe en el camino poniéndose en marcha con la gente".
> —Papa Francisco

➕ **Dar buen consejo:** ser valiente pero compasivo al llamar a las personas e instituciones a ser fieles a los valores del Evangelio; intervenir en situaciones en las que las personas claramente se están haciendo daño a sí mismas o a los demás; responder a comentarios negativos y perjudiciales con respuestas positivas; poner fin a los chismes alejándose de ellos y dar un buen ejemplo para los demás.

✚ **Corregir:** trabajar para ser optimista y evitar el cinismo; responder al cinismo, al escepticismo y a la duda con esperanza; expresar con fluidez las esperanzas propias; preguntar a las personas sobre sus esperanzas y apoyarlas en sus intentos de alcanzarlas.

✚ **Consolar:** acompañar a otros en su dolor; ofrecer palabras de aliento a quienes parecen desanimados; ofrecer palabras positivas a compañeros de trabajo que tienen dificultades con sus labores; estar presente para aquellos que están luchando con un dolor emocional o la desesperación; y ofrecer consuelo a los que están en duelo.

✚ **Perdonar:** orar por aquellos que le han ofendido y orar pidiendo el valor de perdonar; pedir perdón a los demás; dejar de lado los rencores; hacer todo lo posible por tener una actitud positiva con alguien con quien está pasando un momento difícil.

✚ **Sufrir con paciencia:** trabajar para ser menos crítico con los demás; pasar por alto los pequeños defectos y errores; dar a las personas el beneficio de la duda; suponer que las personas que pueden haberlo ofendido lo hicieron porque estaban sufriendo un profundo dolor; y orar por los que nos han hecho daño.

Recuerde, la Resurrección es la razón por la cual el cristianismo "sucedió". Entonces, proclamemos al Cristo Resucitado y difundamos la alegría de la Resurrección en un mundo que necesita desesperadamente una nueva vida.

> Recuerde, la Resurrección es la razón por la cual el cristianismo "sucedió".

Historias verdaderas

Una vez, mientras enseñaba un curso de formación de catequistas sobre la oración, presenté a los catequistas de mi grupo el concepto de dirigir reflexiones guiadas. Algunos habían hecho reflexiones guiadas antes, pero la mayoría no, y estaban muy interesados en el concepto. Una catequista estaba extremadamente entusiasmada con la posibilidad de dirigir a los jóvenes en reflexiones guiadas e insistió en que lo intentaría el próximo fin de semana y nos diría cómo le fue en nuestra sesión de la semana siguiente.

Efectivamente, cuando llegó la semana siguiente, no podía esperar para contar su historia:

Doy servicio principalmente como catequista suplente, por lo que el pasado fin de semana se me pidió que sustituyera al catequista en una clase de quinto grado. Cuando entré en el salón y comencé a prepararme para iniciar la clase, un niño se me acercó y me preguntó: "¿Quién es usted?". Le dije mi nombre y que era la suplente de esta clase. Él respondió: "Está bien, pero debe saber que no creo en Dios". Me sorprendió pero decidí no entrar en el asunto en ese momento, así que le agradecí por compartir esa información y le pedí que ocupara su lugar y se uniera al proceso. Lo observé mientras hablaba sobre la importancia de tener conversaciones con Dios, especialmente sobre lo que es ser agradecidos. Le pedí a cada niño que mencionara una cosa por la que estaba agradecido y de hecho él mencionó algo.

Luego, los invité a cerrar los ojos y los dirigí en una reflexión guiada donde le hablaron en silencio a Jesús sobre las cosas por las que estaban agradecidos y escucharon cómo Jesús les respondía. Una vez más, observé al niño y él continuó cooperando y participando. Después de la clase, noté que el niño se quedaba en el salón. Finalmente, se me acercó y me preguntó: "¿Vas a estar aquí la próxima semana?". Le dije que sí. "¡Bien!", respondió. "¿Vamos a hacer esa oración otra vez?", preguntó. Cuando le dije que sí, él respondió nuevamente, "¡Bien!", y se fue. Sentí que el Espíritu Santo me guio para responder a su afirmación de incredulidad, no involucrándome en el argumento, sino ayudándolo a encontrar a Dios en la oración. En lugar de apuntar a su cabeza, creo que toqué su corazón.

A eso, le digo: ¡Amén!

Preguntas Para la reflexión y el diálogo

> Piense en el último comercial de televisión que ha visto que haya incluido la frase "Pero espere, ¡aún hay más!" ¿Cuál era el "más" que se prometía?

> ¿Cómo es la Resurrección un momento "Pero espere, ¡aún hay más!" en nuestra proclamación del Evangelio?

> "La Resurrección es la razón por la cual el cristianismo 'sucedió'". Explique esta afirmación con sus propias palabras. ¿Por qué consideramos que la Resurrección es la pieza clave de nuestra proclamación del Evangelio?

> ¿Cuál es la diferencia entre proclamar el Evangelio y enseñar acerca de personajes históricos como Abraham Lincoln o el Dr. Martin Luther King Jr.?

> ¿Cómo puede ayudar usted a quienes enseña a encontrarse con Cristo Resucitado en sus sesiones de formación en la fe?

> ¿De qué formas comunica usted la alegría a quienes enseña? ¿Qué puede hacer para fomentar un clima de alegría en el entorno de formación en la fe?

> Describa una experiencia en la que alguien le dio la bienvenida con entusiasmo. ¿Qué significa para usted ser bienvenido de esa manera? ¿Cómo le da usted la bienvenida a los demás?

> ¿Cuál es la diferencia entre el gozo y la felicidad? ¿Cómo se proclama el gozo al estar presente con los demás?

Las Sagradas Escrituras

Les he dicho esto para que participen de mi alegría y sean plenamente felices. (JUAN 15:11)

Oración

Señor Resucitado, lléname de la alegría de tu Resurrección. Ayúdame a proclamar que tu victoria sobre el pecado y la muerte significa que tu gracia puede superar cualquier obstáculo. Inspírame para compartir esa alegría con los demás, especialmente con aquellos atribulados por la desesperación. Ayúdame a acompañar alegremente a tu Pueblo. Amén.

Capítulo 6

Extender la invitación para seguir a Jesús más de cerca

En última instancia, un comercial de televisión es una invitación: después de presentar toda la información sobre su increíble producto o servicio, los patrocinadores invitan a clientes potenciales a unirse a otros clientes satisfechos. Luego proporcionan un número de teléfono, un sitio web y ubicaciones convenientes para que los clientes potenciales puedan evitar quedarse fuera. De manera similar, un sitio web eficaz o un correo electrónico de ventas siempre incluye lo que se conoce como una "llamada a la acción" que generalmente consiste en un "botón" o una línea de texto con hipervínculo que invita a la persona a obtener más información, algún porcentaje de descuento, o comprar o descargar ahora, solo por nombrar algunas opciones.

No se quede fuera

A lo largo del Antiguo Testamento, podemos ver que Dios constantemente invita a su pueblo a acercarse a él. Pocas invitaciones son más elocuentes y atractivas que la Gran Invitación de Isaías 55:1–3:

> ¡Atención, sedientos!,
> vengan por agua,
> también los que no tienen dinero:
> vengan, compren trigo,
> coman sin pagar,
> vino y leche gratis.
> ¿Por qué gastan dinero
> en lo que no alimenta?,

A lo largo del Antiguo Testamento, podemos ver que Dios constantemente invita a su pueblo a acercarse a él.

¿y el salario
en lo que no deja satisfecho?
Escúchenme atentos,
y comerán bien,
se deleitarán con platos sustanciosos.
Presten atención y vengan a mí,
escúchenme y vivirán.
Sellaré con ustedes alianza perpetua,
la promesa que aseguré a David.

Asimismo, en el corazón del mensaje de Jesús hay una invitación a una forma completamente nueva de ser humanos. De hecho, los Evangelios nos dicen que Jesús constantemente invitaba a las personas a seguirlo:

- ✚ "Vengan a comer" (Juan 21:12).
- ✚ "Vengan conmigo, y los haré pescadores de hombres" (Mateo 4:19).
- ✚ "Ve, vende cuanto tienes [. . .] después sígueme" (Marcos 10:21).
- ✚ "Vengan a mí, los que están cansados [. . .] y yo los aliviaré" (Mateo 1:28).
- ✚ "Vengan y vean" (Juan 1:39).
- ✚ "Sígueme" (Juan 1:43).

Las Invitaciones aflojan la tierra

En un sentido general, nuestra catequesis es una invitación a seguir a Jesús. Sin embargo, los catequistas evangelizadores van más allá y hacen invitaciones específicas a quienes enseñan a profundizar su compromiso con Cristo. Algunos ejemplos pueden incluir invitaciones a:

Pasar la invitación

Es importante tener en cuenta que al aceptar la invitación de Jesús, Andrés y Felipe inmediatamente proceden a hacer la invitación a otros. Andrés a su hermano Simón (Juan 1:41) y Felipe a Natanael (Juan 1:46). El Papa Pablo VI escribió maravillosamente: "es impensable que un hombre haya acogido la Palabra y se haya entregado al reino sin convertirse en alguien que a su vez da testimonio y anuncia" (*Evangelii Nuntiandi*, 24).

- Articipar en una experiencia de retiro.
- Participar en proyectos de servicio o obras de misericordia.
- Colaborar en un proyecto.
- Participar en un ministerio litúrgico como lector, monaguillo, miembro del coro, ujer o ministro extraordinario de la Sagrada Comunión.
- Unirse a un grupo de estudio bíblico o de compartir la fe o participar en alguna otra experiencia en grupos pequeños.
- Ser un líder de un grupo pequeño o servir como ayudante.
- Asistir a un taller, seminario, reunión o conferencia para escuchar a un orador que inspire a su audiencia.

Las invitaciones a nuevas experiencias sirven para aflojar el suelo de la vida de las personas, ayudándolas a salir de su rutina de suelo compactado que las está deteniendo.

Permítame compartir un ejemplo de una invitación que recibí cuando era adolescente y que tuvo un profundo impacto en mi vida. Cuando estaba en la preparatoria, comencé a tocar la guitarra, ¡decidido a convertirme en una estrella de rock! Mi profesor de Química, el padre Terry Baum, SJ, se dio cuenta y me invitó a acompañarlo en las liturgias de nuestra escuela en St. Ignatius College Prep. No tenía ningún interés particular en la música litúrgica, pero pensé que el padre Terry era una persona genial y acepté su invitación.

La experiencia de tocar la guitarra en esas liturgias tuvo un gran impacto en mí. En poco tiempo, me comuniqué con el coordinador de música de mi parroquia y me uní al coro de guitarras para tocar en la misa dominical. Resulta que, a través de esa experiencia, comencé a salir con una de las guitarristas del grupo, una joven llamada Joanne, ¡que eventualmente se convertiría en mi esposa! Si bien nunca me convertí en una estrella de rock, me convertí en director de liturgia en la escuela secundaria donde enseñé, y más tarde en la parroquia donde serví como director de educación religiosa. ¡Una pequeña invitación puede marcar una gran diferencia en la vida de una persona joven!

> Las invitaciones a nuevas experiencias sirven para aflojar el suelo de la vida de las personas, ayudándolas a salir de su rutina de suelo compactado que las está deteniendo.

No me di cuenta en ese momento, pero el padre Terry estaba practicando la evangelización católica. No me preguntó si fui salvado, si nací de nuevo o si tenía una relación personal con Jesucristo. Sin embargo, su invitación me llevó a encontrarme con Jesucristo y a comenzar a desarrollar una relación que me cambiaría la vida.

Ahora es nuestro turno

En años pasados, los sacerdotes y religiosas que trabajaban en la mayoría de los programas de formación en la fe y enseñaban en las escuelas católicas reconocían que era su responsabilidad invitar a los jóvenes a responder al llamado a vivir su Bautismo y, tal vez, a considerar el sacerdocio o la vida religiosa. Ahora, como la gran mayoría de ministros en los programas de formación en la fe son laicos, es nuestro turno de continuar con esta tarea. Como catequistas y maestros, debemos estar atentos a las oportunidades para invitar a los jóvenes a que usen sus dones para servir a los demás porque, al hacerlo, encontrarán a Cristo y experimentarán una mejor manera de ser humanos. Si queremos preparar los corazones y las mentes

Al invitar a los jóvenes, tenga cuidado

Al hacer una invitación a cualquier persona, especialmente a los jóvenes, asegúrese de que la invitación:

> Sea para más de una persona, para que un individuo no se sienta aislado.
> Sea aprobada por un miembro del equipo pastoral, normalmente el líder catequético.
> Sea de su parte junto con otro miembro del equipo pastoral.
> Se comunique a los padres de los jóvenes y obtenga su permiso.
> Incluya detalles e información sobre la naturaleza de la experiencia y las garantías que recibirán los jóvenes.
> Indique a quién se pueden dirigir las preguntas o dudas.
> Identifique a otros adultos que estarán disponibles para supervisar y/o acompañar.
> Proporcione al invitado una verdadera opción clara y sensilla si deciden no aceptar la invitación.
> Cumpla con todas las normas parroquiales y diocesanas.

de las personas para responder a la palabra y a los caminos de Dios, debemos invitarlos, invitarlos e invitarlos.

Antes de continuar, sería negligente de mi parte no compartir esta advertencia importante. Los tiempos han cambiado desde que el padre Terry me invitó a ayudarlo en nuestras liturgias de preparatoria. En aquel entonces era perfectamente aceptable para mí tomar mi guitarra, subirme al autobús y dirigirme a la residencia de los jesuitas a practicar con el padre Terry y otros compañeros de clase los sábados por la tarde y, afortunadamente, todo era tan inocente como se escucha. Sin embargo, hemos vivido una grave traición de la confianza en nuestra Iglesia, la crisis de abuso sexual por parte del clero, que ha cambiado radicalmente la forma en que interactuamos con los demás, especialmente con los jóvenes. Hoy, hacemos ministerio en una Iglesia que con toda razón requiere capacitación sobre ambientes seguros para todos sus ministros, capacitación que nos ayuda a conocer la diferencia entre comportamientos y prácticas aceptables e inaceptables para evitar a toda costa situaciones donde los depredadores se aprovechan. Como resultado, nuestra forma de invitar a otros a profundizar su relación con Cristo es primordial, para que nuestras acciones e intenciones no sean malinterpretadas.

> Si queremos preparar los corazones y las mentes de las personas para responder a la palabra y a los caminos de Dios, debemos invitarlos, invitarlos e invitarlos.

> Los verdaderos maestros se usan a sí mismos como puentes sobre los cuales invitan a sus alumnos a cruzar; entonces, habiendo facilitado su cruce, alegremente se colapsan, animándolos a crear puentes propios [v.d.t.].
> —Nikos Kazantzakis

Las invitaciones pueden cambiar las vidas

Ahora, con eso como contexto, revisemos la noción de las invitaciones personales y hablemos de su poder. Todavía recuerdo la primera invitación que recibí para asistir a la fiesta de cumpleaños de un amigo. Estaba en quinto grado, y la invitación fue de parte de mi compañero de clase Frank García. Estaba totalmente entusiasmado de ser considerado "uno de los chicos" (no fueron chicas a esta fiesta, ¡ninguno de nosotros estaba interesado todavía!)

y pasamos un buen rato juntos en la casa de Frank una tarde. Luego, unos años más tarde, en mi primer año de preparatoria, imagínese cuán emocionado estuve de ser invitado a pasar una semana en la casa de verano de mi amigo Joe en Wisconsin durante las vacaciones de verano. Me sentí muy honrado. Esa semana cambió mi vida, y Joe y yo aún somos de los mejores amigos hasta el día de hoy —mi esposa y yo ahora tenemos una casa de lago cerca del mismo lago que la de Joe y su esposa—. Finalmente, fue una invitación a un almuerzo en 2002 la que me llevó a la maravillosa oportunidad de unirme a Loyola Press, donde he servido desde entonces.

Piense en las invitaciones que ha recibido, las invitaciones que han marcado una diferencia y tal vez incluso han cambiado su vida. Es posible que una invitación haya conducido a una nueva amistad, un nuevo pasatiempo, un puesto de trabajo o carrera actual, a conocer a su pareja o a la decisión de vivir en la parte del mundo en la que vive actualmente. Como catequista, lo más probable es que esté sirviendo por la invitación de alguien más, ya sea el líder catequético, el párroco u otro catequista. Dios acostumbra a invitarnos o llamarnos a través de otras personas. Como catequistas, es nuestra responsabilidad transmitir el llamado de Dios a quienes enseñamos.

Y sí, las invitaciones personales pueden cambiar las vidas, porque pueden cambiar la forma en que pensamos y nos sentimos acerca de nosotros mismos y de los demás. Esto significa que las invitaciones sirven como una herramienta crítica en el proceso de conversión, que es el llamado a cambiar nuestra forma de pensar, sentir y actuar. Las invitaciones personales crean una conexión emocional y esta conexión es una parte crítica de todo el proceso. Una cosa es leer un anuncio o recibir un volante invitándonos a un evento. Es otra muy diferente que alguien nos toque el hombro y nos invite personalmente a un evento o actividad. Estas invitaciones a menudo van acompañadas de palabras de adulación, por ejemplo: "Esto suena como una experiencia divertida, y eso me hizo pensar en ti" o "Este evento atrae a gente muy talentosa, y naturalmente pensé en ti". El hecho es

 (speech bubbles) ¡Hola, vecinos! ¡Nos hemos estado preguntando cuándo los veríamos en la iglesia! / ¡Qué casualidad! ¡Nos hemos estado preguntando cuándo nos invitarían!

El Poder de una invitación

Las invitaciones son muy poderosas. Hacen sentir al invitado:

> especial   > aceptado

> afirmado   > reconocido

> honrado   > parte de una relación

> querido   > parte de algo más grande que él mismo

que las invitaciones personales siguen estando en la parte superior de la lista de razones por las cuales las personas van a visitar una iglesia por primera vez, a menudo entre el 75 y el 90 por ciento.

Cómo descubrir personas potenciales

¿Cómo descubrimos a "personas potenciales", personas a quienes nos gustaría hacer una invitación a crecer? Considere lo siguiente y piense en aquellos participantes que:

- muestran gran entusiasmo y curiosidad
- hacen muchas preguntas
- son influyentes y cuya asistencia puede causar un "efecto dominó"
- están empezando a mostrar un talento potencial
- tienen un talento específico que es adecuado para un evento
- muestran sinceridad y autenticidad
- demuestran habilidades y cualidades de liderazgo
- poseen valores ejemplares
- pueden caer en la tentación de "tomar el camino equivocado" con sus decisiones si no reciben orientación

Sin embargo, cuando haga invitaciones, hágalo estratégicamente y evite dar palos de ciego esperando atinarle a la piñata. Haga todo lo posible para identificar las cualidades, talentos y características de las personas a quienes está invitando y reúnase con ellas a la primera oportunidad. Del mismo modo, haga todo lo posible para no hacer las invitaciones por mensaje de texto o correo electrónico, o incluso en persona si está de prisa o va de paso. Más bien, haga citas para tomarse el tiempo y conversar. Decirle a alguien que le

> Un párroco asistió a una reunión de catequistas y enfatizó la necesidad de que los catequistas fueran más acogedores con los jóvenes y sus familias. Los animó a extender una invitación a cenar a las familias de los niños que enseñan. Una catequista malhumorada y desganada decidió hacerlo e invitó a varias familias a cenar en su casa. Trató de poner su mejor cara a pesar de que veía toda la experiencia con fastidio. Una vez que todos se habían sentado a la mesa, volteó a ver a su hija de seis años y dijo: "¿Te gustaría bendecir los alimentos?". "No sé qué decir", respondió la niña. "Solo di lo que oyes decir a mamá", le dijo la catequista. Su hija hizo una reverencia y dijo: "Amado Señor, ¿por qué diablos invité a toda esta gente a cenar?"

gustaría hablar con él o ella sobre algo despierta su curiosidad y les indica que usted ha pensado en el tema y que no es algo espontáneo. Además, evite presionar a las personas en el momento o exigir una respuesta inmediata. Más bien, comparta todos los detalles y luego deles tiempo para pensarlo. Después retome el tema con ellas.

El poder de "la pregunta"

Es imperativo que hagamos una observación muy importante sobre las invitaciones personales: ¡nada sucederá a menos que usted haga personalmente la invitación! En el mundo de las ventas, esto se conoce como el poder de "la pregunta", es decir que la mejor manera de formalizar una venta es hacer una variación de la pregunta: "Entonces, ¿le gustaría comprar?". Algunos vendedores pueden entablar una conversación, contar una gran historia o expresar ideas maravillosas, ¡pero nunca llegan a preguntarle al cliente si quiere comprar!

> Aunque no me invitaron a estrecharle la mano a Hitler, tampoco me invitaron a la Casa Blanca para estrecharle la mano al Presidente [v.d.t.].
> —Jesse Owens

Del mismo modo, muchas personas que compran en línea colocan artículos en su "carrito" pero nunca proceden a la caja, por lo que las empresas con buenos conocimientos del mercado les recuerdan que han puesto artículos en su carrito y los invitan a completar la compra procediendo a la caja.

La verdad es que preguntar o invitar directamente no es fácil. Podemos dudar de preguntarle algo a alguien o invitarlo porque quizás tengamos miedo al rechazo, miedo de ser juzgados (en función de a qué los invitamos) o miedo a que no valoren lo que valoramos y que lo trivialicen o lo descarten y, por lo tanto, también nos descarten a nosotros. Cuando preguntamos algo o extendemos una invitación personal a alguien, nos estamos haciendo vulnerables, lo cual en realidad es una característica admirable y atractiva. Al mismo tiempo, estamos honrando a la persona a quien le estamos extendiendo la invitación. La conclusión es que, al invitar a alguien, nos empoderamos a nosotros mismos y a la otra persona.

> **Invitar es crear un ambiente de bienvenida.**

Al final, extender invitaciones personales dice mucho de quien invita. Invitar es crear un ambiente de bienvenida, y eso puede lograr mucho para que una persona eventualmente acepte una invitación, incluso si no está lista para aceptarla en el momento que la recibe. También puede llevar a la persona a dirigir la invitación a alguien más que, en su opinión, estaría más dispuesto a responder afirmativamente. Debemos ser como Juan el Bautista que, cuando vio pasar a Jesús, dijo a dos de sus discípulos: "Ahí está el Cordero de Dios" (Juan 1:36). La invitación está en el corazón del aprendizaje. Podemos tener el diseño, los sistemas de entrega y la evaluación más maravillosos del mundo, pero es el poder de la invitación a aprender lo que marca la diferencia y proporciona una razón más por la que ningún video o recurso en línea puede ocupar el lugar de la persona del catequista, quien es el que puede comunicar la invitación personalmente.

> **La invitación está en el corazón del aprendizaje.**

Historias verdaderas

Me gustaría terminar este capítulo con una historia sobre cómo un entrenador de fútbol utilizó el poder de la invitación para motivar a su equipo. Un amigo mío una vez contó la historia de su tiempo en el equipo de fútbol americano de la escuela preparatoria Moeller, en Cincinnati. En la década de 1970, el equipo se preparaba para disputar el campeonato estatal. El entrenador del equipo era un hombre llamado Gerry Faust, quien se convirtió en entrenador en Notre Dame y más tarde en la Universidad de Akron, en Ohio. El entrenador Faust era conocido por su alto nivel de entusiasmo y por su voz aspera. Cuando el equipo se reunió en el vestuario justo antes de salir al campo, el entrenador Faust señaló a los jugadores del equipo y los invitó, uno por uno, a compartir lo que pretendían hacer para ayudar al equipo a ganar el campeonato. Fue algo así: "Tomás, eres el mariscal de campo. ¿Qué vas a hacer para asegurarte de que ganemos hoy? Óscar, eres el corredor. ¿Qué vas a hacer para asegurarte de que ganemos hoy? Daniel, eres el defensa central. ¿Qué vas a hacer para asegurarte de que ganemos hoy?". Cada jugador respondió con una fuerte declaración de lo que iba a lograr para ayudar al equipo a ganar el campeonato estatal, lo cual hicieron. La esencia de esta estrategia fue una invitación personal a cada jugador para estar a la altura de las circunstancias y asumir su responsabilidad de ayudar a levantar al equipo. Como catequistas, somos responsables de entrenar a los demás para que reconozcan cómo Dios los está invitando a vivir su Bautismo todos los días y respondan lo mejor que puedan. En esencia, les estamos preguntando: "¿Qué vas a hacer hoy para vivir como discípulo de Jesucristo?". Y luego, como cualquier buen entrenador, les mostramos las estrategias que los ayudarán a tener éxito.

Preguntas para la reflexión y el diálogo

> Recuerde la primera invitación a una fiesta que recibió cuando era niño. ¿Cómo se sintió al recibir esa invitación y por qué fue tan importante para usted?
> ¿Cuál fue una invitación que lo condujo a un cambio o decisión importante en la vida, por ejemplo en su carrera, con su cónyuge, en su lugar de residencia o en algún pasatiempo?
> ¿Qué poder tiene una invitación? En otras palabras, ¿qué resultado causa una invitación en el invitado?

> ¿Cuáles son algunos ejemplos de Jesús invitando personalmente a otros a seguirlo?

> ¿Quién le hizo la invitación a participar en su ministerio (o ministerios) actual? ¿A quién ha invitado usted al ministerio?

> ¿Cuáles son algunas de las cosas que debemos tener en cuenta al hacer invitaciones, especialmente a los jóvenes, para garantizar un ambiente seguro y evitar que nuestras intenciones se malinterpreten?

> ¿Quiénes son algunas de las personas potenciales que deberíamos buscar para invitarlas a un crecimiento más profundo?

> ¿Por qué a menudo tenemos miedo o dudamos de extender invitaciones a otros? ¿Cómo podemos superar este obstáculo?

Las Sagradas Escrituras

Vengan a ver las obras de Dios,
  sus hazañas formidables
  a favor de los hombres.
Transformó el mar en tierra firme:
  a pie cruzaron el río,
  ¡Venid, alegrémonos con él!.
(SALMO 66:5–6)

Oración

¡Dios bueno y misericordioso, tú nos bendices con abundantes gracias! Estoy siempre agradecido. Lléname de valor para invitar a otros a "venir y ver" las obras que realizas para que puedan conocerte y vivir en tu amoroso corazón. Amén.

Capítulo 7

Apuntar al corazón

En su investigación sobre por qué algunas cosas se hacen virales en las redes sociales, el autor Jonah Berger descubrió que una de las principales razones es que el elemento compartido provoca emoción, ya sea buena o mala. Piénselo. Si me dieran una moneda de cinco centavos por cada publicación que haya visto sobre un lindo gatito, ¡sería millonario! Las personas comparten cosas que las hacen sonreír o que les tocan el corazón. Del mismo modo, las emociones negativas tamién pueden causar que las personas compartan algo, como cuando una noticia sobre una injusticia provoca indignación y llama a las personas a la acción.

Provocar emociones

De manera similar, las personas se acostumbran a votar por candidatos en función de la emoción que les generan en lugar de basarse en los hechos, los problemas o las políticas, a veces incluso ignorando inconscientemente los detalles clave que entran en conflicto con su actitud emocional. Esto, por supuesto, explica por qué tantos anuncios políticos son negativos, buscan provocar una respuesta emocional, independientemente de si los hechos tienen lógica o no.

La conclusión es que las emociones juegan un papel clave en las elecciones y en las

decisiones que las personas toman en todas las áreas de la vida. Conscientes de esta realidad, los especialistas en el marketing a menudo aprovechan las emociones en su publicidad. Por ejemplo, si un comercial de televisión hace referencia o muestra imágenes que reflejan los sacrificios realizados por los socorristas, aquellos que se conmueven con los sacrificios de estos valientes hombres y mujeres desarrollarán naturalmente una afinidad por el patrocinador y estarán más dispuestos a comprar sus productos.

Una de las razones por las que nuestros esfuerzos de formación en la fe están en apuros es que a menudo ignoran las emociones y permanecen en el nivel cerebral o intelectual, donde la tierra tiende a estar compactada con ideas, creencias e ideologías que tienen raíces profundas y dejan poco espacio para el crecimiento futuro. A mi amiga y autora Julianne Stanz le gusta recordarnos a todos en el campo de la formación en la fe un viejo proverbio irlandés. *"Una flecha dirigida a la cabeza nunca perforará el corazón".*

Para atraer a las personas a que consideren seguir a Jesús, debemos invitarlas a experimentar la conversión, que es dejar atrás las viejas costumbres, algo que se acelera a causa de las emociones. La conversión y el arrepentimiento involucran tanto la mente como el corazón (la formación

> **Para atraer a las personas a que consideren seguir a Jesús, debemos invitarlas a experimentar la conversión, que es dejar atrás las viejas costumbres, algo que se acelera a causa de las emociones.**

La parte afectiva del cerebro

En su libro *What do you really want? St. Ignatius Loyola and the Art of Discernment* [¿Qué es lo que realmente quiere? San Ignacio de Loyola y el arte del discernimiento], Jim Manney escribe: "Los psicólogos hablan de las tres partes de la mente: la cognitiva (razón y otros procesos mentales), la decisoria (la voluntad) y la afectiva (sentimientos y emociones). Todas estas están involucradas en las decisiones que tomamos, pero el motor que impulsa el tren es la potencia afectiva. La palabra tradicional para esta potencia es 'corazón'" [v.d.t.].

en la fe que toca el corazón pero ignora la mente es igualmente ineficaz). En las Escrituras, se nos dice que "poseemos el pensamiento de Cristo" (1 Corintios 2:16), pero también que "rasquemos los corazones" (Joel 2:13) y que oremos: "Crea en mí, oh Dios, un corazón puro" (Salmo 51:12).

Para que nuestra formación en la fe toque el corazón, debe hacer mucho más que enseñar doctrina. La enseñanza de la doctrina puede ser exitosa solo si la tierra ha sido labrada, y la mejor manera de aflojar la tierra compacta de los corazones de las personas es llegar a ellas a través de las emociones.

Necesitamos invitar a quienes enseñamos a experimentar la alegría del discipulado y al mismo tiempo profundizar su capacidad de empatizar con los necesitados. Yo sugiero las siguientes formas en que podemos y debemos tocar los corazones de quienes enseñamos y cultivar la tierra de su ser.

Cuente historias personales

En el capítulo 3 hablamos en detalle sobre el arte de la narración personal, pero merece más atención aquí a la luz de nuestro diálogo sobre cómo aprovechar las emociones de las personas. Podemos ayudar a otros a saber que algo es importante, pero es mucho más eficaz ayudarlos a sentir que algo es importante. La narración de historias puede hacer precisamente eso. Las historias tienen la capacidad de transportarnos de una realidad a otra y ayudarnos a considerar las posibilidades. También crean empatía. Ahora, no es su tarea compartir toda la historia de su vida con quienes enseña o buscar atención o afirmación compartiendo historias personales. Más bien, es útil escuchar los "desencadenantes" con respecto a sus intereses, necesidades, curiosidades y desafíos, para que así pueda encontrar historias de su experiencia personal y crear una conexión emocional. Lo más importante es compartir historias que ilustren cómo la fe en Jesucristo lo ha cambiado y ayudado a crecer a usted.

> Las mejores y más bellas cosas del mundo no pueden verse ni tocarse. Deben sentirse con el corazón [v.d.t.].
> —Helen Keller

Apuntar al corazón

Use videos

No todas las historias tienen que ser sobre usted. Puede encontrar y utilizar numerosos videoclips de una variedad de fuentes como YouTube que cuentan historias que evocan emoción. Uno de esos videoclips que he usado para ilustrar de qué se trata el Bautismo es un breve video de YouTube (de aproximadamente 60 segundos) sobre un niño de diez años que, en la mañana de Navidad, abre un regalo de parte de sus padres adoptivos que resulta ser el certificado enmarcado que muestra que su adopción es definitiva y oficial. El niño primero esboza una gran sonrisa mientras asimila las palabras del certificado. Su madre adoptiva pregunta: "¿Puedes leerlo?" y él asiente con la cabeza. Ella pregunta: "¿En voz alta?" y él sacude la cabeza y comienza a llorar de alegría. Luego se pone de pie y se lanza a los brazos de sus padres adoptivos, sollozando sin control. El video ilustra el poder del momento simbólico de la adopción. Expresa y pone de manifiesto un vínculo de amor que no se puede romper. Como resultado, el video ayuda a explicar a qué se refiere san Pablo cuando habla de nosotros como hijos adoptivos de Dios a través del Bautismo (Romanos 8:15) y ayuda a los alumnos a "sentir" de qué se trata el Bautismo. Muchos de estos breves videos de la vida real pueden provocar emoción e ilustrar tanto la profundidad como la relevancia de diversos conceptos doctrinales que presentamos.

Haga buen contacto visual

Todos los buenos oradores públicos saben que, si realmente quieren comunicarse bien con alguien, deben hacer contacto visual directo con la persona. Esto puede ser especialmente eficaz al contar historias. Siempre que llegue a partes de una historia especialmente cargadas de emoción, mire a los

---

Míreme a los ojos

Pocas cosas son más frustrantes que cuando alguien mira hacia otro lado mientras le decimos algo importante. De hecho, una organización que ofrece atención médica descubrió que el noventa por ciento de sus cartas de quejas mencionaban un pobre contacto visual por parte del médico, así como una actitud de indiferencia. Por supuesto, un contacto visual demasiado intenso puede incomodar a las personas, así que asegúrese de no exagerar. Hay una diferencia entre el contacto visual directo y fijarle la mirada a alguien.

ojos de las personas con las que está hablando y sostenga la mirada por un momento para establecer esa conexión personal y aumentar la intensidad de su historia. Piense por un momento en el poder del contacto visual. Se usa mucho la expresión "amor a primera vista" y, si bien esta puede parecer un cliché, muchas relaciones comienzan cuando las personas hacen contacto visual. Cuando las personas hacen contacto visual con nosotros, el hecho revela que son conscientes de nuestra existencia y eso aumenta la intensidad del momento, haciéndonos a la vez más

> **El contacto visual directo comunica que alguien nos encuentra fascinantes, atractivos o encantadores. Comunica reconocimiento y conexión.**

conscientes de nuestras propias emociones en ese momento. El contacto visual directo comunica que alguien nos encuentra fascinantes, atractivos o encantadores. Comunica reconocimiento y conexión. El contacto visual directo aumenta la tasa de retención de las personas.

Incorpore el lenguaje centrado en el interlocutor

Cuando se busca evitar o resolver un conflicto, se nos alienta a usar un lenguaje "centrado en uno mismo" que no culpe ni señale a los demás. Una forma muy eficaz de establecer una comunicación emocional con las personas es incorporar una gran cantidad de lenguaje "centrado en el interlocutor", lenguaje que deja en claro que está hablando directamente con alguien. Entonces, si hace bien y es bueno compartir historias personales, es importante que no todo sea sobre uno mismo. La clave es comunicar que el enfoque está en aquellos con quienes está hablando, lo cual crea empatía. Por ejemplo, cuando yo estaba enseñando a estudiantes de octavo grado en una parroquia en el sur de Chicago (en una zona que en ese tiempo era predominantemente caucásica) y los preparaba para la Confirmación, les dije: "Saben qué, dentro de unos años, la mayoría de ustedes serán minoría". Se quedaron perplejos, y enseguida dije: "Chicago es una ciudad muy católica y el lado sur de la ciudad es particularmente católico. Pero en poco más de cuatro años, la mayoría de ustedes irá a la universidad, y el hecho es que los católicos son una minoría en este país. ¿Estarán listos para explicar su fe católica a los que pregunten sobre ella?". Fue una muy buena conversación y sentó las bases para convencerlos de que prestar atención al sr. Paprocki valdría la pena.

Hábleles por su nombre

Otra herramienta eficaz para establecer una conexión emocional con quienes está hablando es usar sus nombres. Según una investigación realizada en 2006 por el Instituto para el Estudio del Desarrollo Infantil de la Universidad Rutgers, escuchar nuestro nombre afecta significativamente el cerebro. Una vez, al dirigir una reflexión guiada para jóvenes sobre la historia en la que Jesús resucita a Lázaro de entre los muertos, me concentré en la frase en la que Jesús grita en voz alta: "¡Lázaro, sal afuera!" (Juan 11:43). Luego reflexionamos sobre cómo Jesús nos llama a cada uno de nosotros a salir de la tumba y experimentar una nueva vida. Después llamé a cada estudiante por su nombre: "Víctor, ¡sal afuera! Alicia, ¡sal afuera! Mateo, ¡sal afuera!" etcétera. Personalizar la historia la acercó a sus corazones y los ayudó a considerar cómo la historia del Evangelio se dirigía a ellos personalmente.

Cree conexiones culturales y étnicas

Estoy seguro de que ha notado que cuando los políticos hablan con grupos específicos de personas, a menudo se visten y hablan de manera específica para conectarse con su audiencia. Por ejemplo, en mi estado natal de Illinois, que es rural en su mayor parte (fuera del área metropolitana de Chicago), la mayoría de los políticos que se postulan para cargos estatales

Un catequista del RICA se comprometió a aprenderse y usar los nombres de todos los solicitantes de Matrimonio y decidió usar algunos dispositivos para memorizar y recordar sus nombres. Cuando un matrimonio se presentó, el catequista hizo una nota mental para recordar sus nombres, notando que se llamaban igual que dos personajes en una historia infantil popular. Cuando terminó la noche y se estaban despidiendo, el catequista dijo a la pareja: "Tengan cuidado al subir esa colina. Pero supongo que escuchan eso todo el tiempo". La pareja sonrió amablemente pero se quedó perpleja. Cuando salieron por la puerta no dijeron nada. Después de que se fueron, un ayudante le preguntó al catequista: "¿Qué fue todo eso?" "Jack y Jill. Subiendo la colina. ¿Recuerdas?", dijo el catequista. "Sí", respondió el ayudante, señalando a la pareja, "pero ¿qué tiene que ver eso con Frida y Diego?"

acostumbran a asistir a actos de campaña vestidos con pantalones jean y camisas a cuadros con las mangas enrolladas para verse como agricultores, a pesar de que a menudo son empresarios multimillonarios. Otros políticos han aprendido a hablar español para poder comunicarse con la creciente comunidad hispana. La conclusión es que la identidad es muy importante para las personas y, si usted espera establecer un contacto emocional con ellas, es útil saber comunicarse con su identidad innata. Una parte clave de la identidad innata de las personas es su origen étnico y cultural. Si desea establecer una conexión emocional con las personas a las que enseña, asegúrese de establecer conexiones con su origen étnico.

> **Una parte clave de la identidad innata de las personas es su origen étnico y cultural.**

Cree conexiones con la cultura popular

Cuando se trata de publicidad, una herramienta muy eficaz que utilizan los especialistas en el *marketing* es hacer referencia a la cultura popular: películas, programas de televisión, música, moda, juegos, etcétera. ¡Una buena manera de hacer que las personas hablen es invitarlas a que hablen de algo de lo que ya están hablando! Además de identificar las emociones como uno de los factores en el contenido que se vuelve viral, Jonah Berger incluye lo

¿Las personas se reconocen a sí mismas en la Historia de la Salvación?

Cuando trabajaba en una parroquia donde incrementaban cada vez más los feligreses afroamericanos, hicimos una inversión en varios íconos de santos de esa cultura y tuvimos una bendición especial en la iglesia en una liturgia dominical antes de instalarlos en el espacio de adoración de la parroquia. Gran parte del catolicismo que se ha practicado y enseñado en los Estados Unidos hasta la actualidad ha sido casi exclusivamente de procedencia europea, mientras que la mayoría de católicos en los Estados Unidos pronto serán las personas de color. Si esperamos crear conexiones emocionales con quienes enseñamos, debemos asegurarnos de que todas las personas puedan identificarse en el Evangelio que estamos proclamando.

que él llama *desencadenantes* o estímulos que hacen que las personas piensen en cosas similares. La cultura popular puede servir como un desencadenante o estímulo eficaz porque consiste en cosas que ya son "relevantes" para muchas personas, y yo diría que muchas cosas en la cultura popular son "relevantes" precisamente porque se han aprovechado de nuestras emociones. Provocan sentimientos de felicidad, emoción, alegría, etcétera. Al crear conexiones con la cultura popular en sus esfuerzos de formación en la fe, está aprovechando algo en lo que las personas ya están pensando o de lo que están hablando, y esto crea una conexión. San Ignacio se refirió a esto como

> **El corazón tiene razones que la razón desconoce.**
> —**Blaise Pascal**

llegar a las personas y "entrar por su puerta", una estrategia en la enseñanza que aprovecha lo que ya es "relevante" para el grupo al que se dirige. Jesús fue un experto en esto al aprovechar las imágenes que eran "relevantes" para las multitudes con las que hablaba: pesca, pastoreo, recaudación de impuestos, cocina, agricultura, crianza y cuidado de la familia. Por supuesto, san Ignacio agregó que, si bien debe "entrar por la puerta de ellos", también debe estar "seguro de salir por su propia puerta". Una vez que se establece la conexión, debe pasar a enfatizar el punto principal de su enseñanza. Y así, una vez que se establece ese enlace, es probable que sus alumnos vuelvan a recordar su enseñanza la próxima vez que se encuentren con el desencadenante o el ejemplo de la cultura popular que empleó.

Conéctelos entre sí

No todas las conexiones emocionales tienen que involucrar al catequista. De hecho, bienaventurados los catequistas que pueden crear enlaces emocionales entre los participantes. Si bien esto no se puede forzar, se puede fomentar y nutrir. Una vez, cuando enseñaba una clase de sexto grado, supe que los once estudiantes asistían a ocho escuelas diferentes. Sin embargo, habían estado juntos en clases de educación religiosa desde el kindergarten y habían forjado conexiones emocionales entre ellos. Realmente se querían y se preocupaban unos por otros, y los catequistas que les enseñaron antes de que yo los heredara hicieron un trabajo maravilloso al fomentar esos enlaces emocionales. Al otro extremo de la balanza, una vez enseñé una clase de octavo grado en la que los quince estudiantes asistían a dos diferentes escuelas que además tenían una intensa rivalidad. No es necesario decir que la única conexión emocional que compartían era la de animosidad y desconfianza. ¡Necesité de todo lo que tenía a mi disposición para lograr que coexistieran por un año! Los rompehielos, las relaciones de tutoría, las parejas, los sistemas de amigos, los grupos pequeños, los amigos por correspondencia y las actividades de aprendizaje cooperativo pueden ser muy útiles para romper barreras y fomentar enlaces emocionales entre personas de todas las edades.

Incorpore música y canto

Pocas cosas tocan el corazón como la música y el canto. Si bien las palabras por sí solas pueden ser poderosas, no pueden provocar el mismo tipo de emoción que la música. Esto explica por qué tenemos musicales y por qué una generación tras otra se identifica con una historia como "La novicia rebelde" (*The Sound of Music*). Muchas personas conocen la letra " . . . en el cielo voy si escucho música y canto otra vez" con el sonido de la música. Yo disfruto escuchar una estación de radio de rock clásico en Chicago cuyo eslogan se traduce como "los ritmos de su vida". De hecho, muchas de las canciones que tocan me transportan a lugares y momentos de mi pasado y provocan emociones relacionadas a cada experiencia. La música y el canto pueden darnos escalofríos, hacer que nuestros dedos de los pies marquen el ritmo, que las lágrimas broten de nuestros ojos. A menudo escogemos música para complementar o alterar nuestro estado de ánimo. La música puede dar voz a nuestros pensamientos y también puede servir como una salida para expresar emociones. En su artículo "La música es como suenan los sentimientos" [v.d.t.] (*Psychology Today* [Psicología Hoy], 23/10/14), la educadora y autora Cortney S. Warren afirma que "la música es un vehículo poderoso para ayudarte a ser más consciente y honesto contigo mismo". Una de las bellezas de la música y el canto es que son una experiencia compartida, ya sea que compartir se limite a escuchar música juntos o se manifieste a través de unir voces con otros y ponerse a cantar. Como catequista, puede y debe aprovechar cada oportunidad que tenga para integrar la música y el canto

> **Pocas cosas tocan el corazón como la música y el canto.**

en sus experiencias de formación en la fe para tocar el corazón de quienes están bajo su cuidado.

Involucre a aprendices en las obras de misericordia que impliquen contacto directo con los demás

En el capítulo 4, analizamos extensamente la forma de hacer un servicio o realizar experiencias de misericordia. Sin embargo, me gustaría enfatizar un aspecto que puede marcar una gran diferencia: participar en el servicio que involucra contacto directo con otros seres humanos. Claro, esto no siempre es posible y, en algunos casos, puede no ser apropiado para la edad (ser voluntario en un refugio para personas sin hogar generalmente no es

> **Cuando sea posible, las obras de misericordia deberían poner a las personas en contacto directo con otras personas y brindarles la oportunidad de involucrarse.**

apropiado para niños pequeños). Sin embargo, cuando sea posible, las obras de misericordia deberían poner a las personas en contacto directo con otras personas y brindarles la oportunidad de involucrarse.

Muchas personas necesitadas se sienten aisladas y su autoestima se ha deteriorado. Si bien es bueno ofrecer bienes materiales a alguien que los

Crear una lista de éxitos personal

Hoy en día es más fácil que nunca incorporar música a su entorno de aprendizaje con un teléfono inteligente o un reproductor portátil y un parlante Bluetooth pequeño pero potente; puede crear su selección musical y encender la música cuando quiera integrarla en su experiencia de formación en la fe. Asegúrese de visitar mi blog, www.catechistsjourney.com [La jornada del catequista], y buscar mi publicación "I Created My Playlist of Go-To Hymns" ["Preparé mi selección musical de himnos portátil"], que proporciona enlaces a más de cincuenta canciones e himnos (cortos y fácilmente repetibles, por lo que no necesitará letras impresas) que he descargado en mi dispositivo para usarlos en la formación en la fe.

necesita, es igualmente importante interactuar con ellos con una sonrisa y un saludo, reconocimiento, amabilidad, preocupación o una simple conversación. Muy a menudo, a través de tales encuentros, llegamos a reconocer que los necesitados tienen mucho que enseñarnos. Cuando llevé a los estudiantes de sexto grado a la Casa Ronald McDonald para preparar y servir comidas para los huéspedes (como describí en la página 47), nos aseguramos de alentar a los jóvenes a conversar con los huéspedes. Preparamos a los jóvenes con bandejas y jarras de agua para que tuvieran una razón para acercarse continuamente a cada mesa y ofrecerse a limpiar o servir agua y, mientras lo hacían, a entablar una conversación, y la mayoría lo hizo. Ayudar a los necesitados es admirable. Involucrarse con los necesitados es transformador.

Cree un sentido de lo sagrado y profundo incorporando la sacramentalidad

Para los católicos, nuestras emociones se conmueven a través de la sacramentalidad. Signos, símbolos, rituales, movimientos, gestos, silencio, canto, todo esto puede evocar emociones de una manera que las palabras por sí solas no pueden. Solo piense en las innumerables personas que se quedan en silencio ante la *Pietà* de Miguel Ángel en la Basílica de San Pedro en Roma, conmovidas por la ternura con la que se representa a María acunando a su hijo, Jesús, muerto. Estamos acostumbrados a este lenguaje de misterio en las formas en que adoramos como católicos, pero por alguna razón, cuando se trata de la formación en la fe, es como si olvidáramos ese lenguaje de misterio e intentáramos formar discípulos estrictamente a través de las palabras. Considere incorporar regularmente cada uno de los siguientes elementos del lenguaje de misterio en sus experiencias de formación en la fe: cantos, rituales, signos, símbolos, silencio, reverencia, gestos, movimientos y metáforas. Mientras que el lenguaje primario del cerebro son las palabras, el lenguaje primario del corazón son los símbolos. Nuestra sensibilidad sacramental católica reconoce que los momentos más profundos de la vida trascienden las palabras. Necesitamos un lenguaje de misterio si esperamos preparar los corazones y las mentes para recibir lo que Dios nos ofrece.

Cuando las palabras no son suficiente

Una sesión que dirigí una vez para alumnos de sexto grado tuvo lugar varios días después de la horrenda masacre en la escuela primaria Sandy Hook en Newton, Connecticut, en la que murieron veinte niños y seis miembros del personal. Al no ser un consejero capacitado, sabía que no debía tratar de procesar la experiencia con los jóvenes. Sin embargo, sentí que era importante abordar el tema de alguna manera. Durante unos minutos, simplemente contemplamos la tragedia de la situación y los sentimientos de tristeza y enfado que muchos estaban experimentando. Luego invité a los niños a turnarse para tocar una pequeña campanilla por cada uno de los fallecidos, lo cual hicieron solemnemente, seguido de unos momentos de silencio, después de lo cual simplemente dije: ¡Amén! y los invité a continuar recordando a las víctimas y sus familias en oración. Para reconocer nuestra pena, esto fue mucho más efectivo que usar palabras.

Involucre a los aprendices en experiencias significativas de oración

Es importante para nosotros ayudar a quienes enseñamos a aprender oraciones. Sin embargo, es igualmente importante que les enseñemos a orar de tal manera que logren lo que san Ignacio de Loyola enseñó: la oración que se asemeja a un amigo conversando con otro. Si bien hablamos de la importancia de la oración reflexiva en el capítulo 5, se necesita considerar algo más: cuando hablamos con nuestros amigos más cercanos, generalmente compartimos nuestras emociones. La oración no debe ser diferente. Con demasiada frecuencia, la oración se aborda como un reconocimiento estéril e intelectual de la grandeza de Dios, seguido de algunas tímidas súplicas de ayuda. Lo que debemos hacer es recuperar la honestidad de los Salmos, que incluyen expresiones de todas las emociones imaginables, desde el gozo y la

> Con demasiada frecuencia, la oración se aborda como un reconocimiento estéril e intelectual de la grandeza de Dios, seguido de algunas tímidas súplicas de ayuda.

felicidad hasta la ira y la frustración, la desesperación y la confusión y todo lo demás. Las experiencias de oración reflexiva deberían permitir a las personas compartir honesta y privadamente sus verdaderas emociones con el Señor. En su primera Homilía sobre la oración, san Teófano el Recluso (siglo XIX) escribió: "Cuando estos sentimientos están presentes, nuestra oración es oración, y cuando están ausentes, todavía no es oración" [v.d.t.]. Dichas experiencias permiten a las personas reconocer sus emociones, conectarlas con Jesús y recibir la gracia necesaria para responder y seguir adelante. En las reflexiones guiadas, se debe invitar a los participantes a tener un encuentro con Jesús y a "comunicarse" con él, compartiendo cómo se sienten en ese momento. La conclusión es que cuando oramos, debemos decirle a Dios cómo nos sentimos y prestar atención a los sentimientos que Dios nos lleva a experimentar.

Si la formación en la fe fuera simplemente un ejercicio intelectual, podríamos proporcionar a cada participante un libro o una copia del *Catecismo de la Iglesia Católica*, pedirle que lo lea y lo estudie, y luego hacerle un examen. Sin embargo, no es así como se hacen los discípulos. La formación en la fe no es la recopilación de información, sino el embarcarse en una nueva forma de ser humano. Tal búsqueda requiere catequistas de carne y hueso como usted para preparar los corazones de quienes enseña y ayudarlos a ser más receptivos a la Palabra de Dios.

Comprender es bueno; sentir es mejor.

En los *Ejercicios espirituales*, san Ignacio nos enseña a orar con los sentimientos e insiste en que comprometernos con nuestras emociones es un requisito previo para un discernimiento saludable, ya que nuestras emociones son un indicador de nuestro bienestar espiritual. De hecho, la mayoría de las formas en que san Ignacio enseñó a las personas a orar involucraban las emociones. Su premisa era que comprender es bueno, pero sentir es mejor. San Ignacio creía que necesitamos tener una relación apasionada y sincera con Dios. También creía que Dios nos habla a través de nuestros sentimientos y usó la palabra *consolación* para describir los sentimientos de estar más cerca de Dios (sentimientos de felicidad, gozo y satisfacción) y la palabra *desolación* para describir los sentimientos de estar más lejos de Dios (sentimientos de desesperación, ansiedad y tristeza).

Historias verdaderas

Cuando se trata de evocar emociones, ¡tenga cuidado con lo que desea! Las emociones pueden ser intensas y pueden estallar de maneras muy inesperadas, y no siempre será algo cómodo. Recuerdo la primera vez que realicé una actividad de ministerio juvenil cuando era solo un estudiante universitario. Como facilitador de un grupo de doce adolescentes en una actividad grupal, los invite a compartir algo sobre ellos que otros quizás no sabían; uno de los adolescentes comenzó a llorar mientras describía como se sentía y cómo la mayoría de los demás no sabían lo triste que a veces estaba a pesar de que siempre sonreía. A todos los tomó por sorpresa ya que se suponía que esto era una actividad rompehielos para iniciar la conversación en un grupo nuevo. Desafortunadamente, la persona más sorprendida fue el facilitador: ¡yo! Me sentí muy incómodo al ver llorar a ese adolescente y pensé que podría ahorrarle algo de vergüenza invitándolo a salir del salón conmigo durante unos minutos para recuperar la compostura. ¡Qué gran error! Básicamente le comuniqué a él y a todo el grupo que llorar no era una emoción aceptable y que no debería ser parte de nuestras prácticas. Afortunadamente, un mentor me lo señaló inmediatamente después de la experiencia. Desde entonces, acepto con calma las lágrimas en cualquier reunión y le digo a la persona: "Está bien", cuando comienzan a disculparse por llorar frente a los demás. A través de mi fracaso, aprendí que compartir las lágrimas es un don y que hace que una reunión sea más sagrada porque es un impulso del Espíritu Santo.

Preguntas para la reflexión y el diálogo

> ¿Qué es algo que ha visto recientemente en las redes sociales a lo que reaccionó con emoción (rio, se sintió triste, se enojó) y se sintió obligado a comentar o compartir?

> ¿Qué significa para usted la frase: "Una flecha dirigida a la cabeza nunca perforará el corazón"?

> Recuerde la última vez que la historia personal de alguien lo conmovió. ¿De qué manera lo conmovió?

> ¿A quién conoce que hace un firme contacto visual? ¿Cómo crea ese acto un enlace emocional?

> ¿Cuál es un elemento de su origen étnico y cultural que le provoca emoción?

> ¿Cuál ha sido un momento en el que se conectó emocionalmente con alguien en un ambiente grupal? Describa la experiencia y lo que la provocó.

> ¿Hasta qué punto la música y el canto le provocan emociones? ¿Qué imagen sagrada le provoca alguna emoción? ¿Cuándo le provocó emoción el hacer una obra de misericordia?

> ¿Qué tan cómodo se siente cuando comparte sentimientos honestos con Dios?

Las Sagradas Escrituras

Confía en el Señor de todo corazón
y no te fíes de tu propia inteligencia.
(PROVERBIOS 3:5)

Oración

Dios mío, ayúdame a confiar en ti con todo mi corazón, ya que la confianza es un asunto del corazón. Ayúdame a tocar los corazones de quienes enseño con tu Palabra que da vida, para que también puedan poner su confianza en ti. Amén.

Capítulo 8
Cimentar y profundizar
un compromiso para una
mejor forma de vida

Muchos anuncios no solo incitan a las personas a comprar un producto, sino que también los invitan a priorizar su vida en torno a una idea. Algunos de los mejores ejemplos de esto son los planes de dieta, que ya no se tratan solo de perder algunas libras sino de adoptar un nuevo estilo de vida. Cuando camino hacia la cocina en Loyola Press durante la hora del almuerzo, veo a varios compañeros de trabajo preparando meticulosamente sus platos de acuerdo a la filosofía y la estrategia de algún plan al que se hayan comprometido. No se evaden comidas; están comiendo de una manera diferente. Y, para su beneficio, los resultados a menudo son bastante obvios, ya que se ven más en forma y saludables con el tiempo.

Ayudar a las personas a vivir de manera diferente

La invitación que ofrecemos los catequistas a los que enseñamos debe tener el mismo enfoque. No solo estamos invitando a las personas a dejar de hacer cosas pecaminosas. Debemos ocuparnos del trabajo de ayudarlos a vivir de una manera diferente. No solo los estamos invitando a "esparcir un poquito de Jesús" sobre sus vidas para agregarles sabor. No estamos invitando a las personas a admirar a Jesús o a hacerse fanáticas de él. No las estamos invitando a interesarse en Jesús. Las esta-

Estoy totalmente a favor del concepto de conversión, con tal de que no requiera ningún cambio en mi comportamiento.

mos invitando a comprometerse con Jesús. Las estamos invitando a seguir a Jesús y a confiar en él. Seguir a Jesús requiere que volvamos a priorizar nuestra vida, adoptando una nueva filosofía y estrategia de vida para crear un nuevo estilo de vida, para embarcarnos en una mejor forma de ser humanos.

Las relaciones nos cambian. Cuanto más buscamos profundizar una relación, más nos cambia. Es por eso que a menudo podemos darnos cuenta de que alguien que conocemos se ha enamorado o ha iniciado una relación poco sana. Nosotros notamos un cambio en su forma de actuar, cómo lucen, cómo y dónde pasan su tiempo, y con quién pasan su tiempo. Ya sean positivas o negativas, las relaciones nos cambian y nos hacen cambiar nuestras prioridades. Nuestra meta es invitar a quienes enseñamos a una relación con Jesús, una relación que provocará cambios en su vida y hará que prioricen a Jesús y su misión como el centro de su vida.

> **Las relaciones nos cambian. Cuanto más buscamos profundizar una relación, más nos cambia.**

La dieta del discipulado

Cambiar el estilo de vida requiere compromiso, y vivimos en un momento en el que a las personas les cuesta asumir un compromiso: el acto de "vincularse" a una persona, una idea o una práctica específica. El compromiso es desafiante porque tememos ser lastimados, tomar la decisión equivocada, renunciar a la libertad, cambiar prioridades, repetir errores o revivir traumas pasados. También tememos los apegos emocionales que conlleva entrar en un compromiso con otra persona o grupo. Y esa es precisamente la razón por la que debemos ser sinceros con las personas acerca de cuán desafiante será una vida de discipulado. Se necesitará disciplina, razón por la cual durante la Cuaresma practicamos las disciplinas cuaresmales del ayuno, la oración y la limosna, los tres ingredientes principales en la dieta del discipulado. No todos están dispuestos a asumir este compromiso en el momento en que lo proponemos; solo piense en el joven rico que se marchó triste después de que Jesús lo invitó a cambiar su estilo de vida (Marcos 10:17–31). La verdad es que preparar nuestras mentes y nuestros corazones para el discipulado es un trabajo duro.

> **La verdad es que preparar nuestras mentes y nuestros corazones para el discipulado es un trabajo duro.**

El discipulado es un cambio en el estilo de vida que promete la salvación, algo que la autora Barbara Brown Taylor define como "una forma de vida transformada en el mundo que se caracteriza por la paz, el significado y la libertad" (*Speaking of Sin* [Hablando del Pecado]). Entonces, ¿cómo sería la dieta del discipulado y cómo podemos empoderar a las personas para que hagan cambios a su estilo de vida en lugar de simplemente aprender algunas doctrinas?

Ofrecer apoyo

Los dietistas generalmente recomiendan que una persona siga un plan y que no lo haga sola. En sus anuncios, el programa de pérdida de peso de Jenny Craig enfatiza el "poder del apoyo personal" como parte constitutiva de su programa (a los clientes se les asigna un asesor personal con quien se comunican al menos una vez por semana). La mayoría de las personas con las que me encuentro en el comedor en el trabajo y que siguen planes de dieta específicos lo hacen con un cónyuge o un amigo. La lógica indica que permanecer fiel a un compromiso tiene una mejor oportunidad de éxito cuando hay estructura y apoyo. En la dieta del discipulado, nos comprometemos con un plan y una comunidad que ofrece apoyo, y usamos la palabra *Evangelio* para referirnos a ese plan e *Iglesia* para referirnos a nuestro sistema de apoyo.

> Para convertir a alguien, ve, tómalo de la mano y guíalo.
> —Santo Tomás de Aquino

En nuestra formación en la fe, nos acostumbramos a tener una estructura de contenido, pero necesitamos mejorar mucho para brindar apoyo que ayude a las personas a adoptar e interiorizar los conceptos que proponemos. Este no es un concepto nuevo para la Iglesia católica. Desde los primeros tiempos de la Iglesia, los cristianos han proporcionado patrocinadores para la iniciación cristiana. Sin embargo, en los últimos tiempos, el papel del padrino se ha convertido desafortunadamente en un papel principalmente ceremonial. Necesitamos recuperar el papel del padrino como un verdadero mentor en la formación en la fe para que los nuevos discípulos tengan el apoyo de discípulos más experimentados mientras buscan implementar los cambios en su estilo de vida que acompañan el seguimiento de Jesús. Los padrinos ayudan a preparar los corazones y las mentes de sus ahijados. Sin ese apoyo, las semillas de la fe con demasiada frecuencia caen en tierra rocosa y no echan raíces.

Un buen ejemplo de la importancia del apoyo lo viví hace unos años cuando me lancé en un esfuerzo para aprender español. Me inscribí en un curso de diez semanas, descargué una aplicación para mi teléfono y me puse manos a la obra. Hice algunos avances y comencé a adquirir algunas frases en español y a ampliar mi vocabulario. Luego nuestra instructora se enfermó y el curso se interrumpió por un tiempo. Cuando regresó, el clima primaveral estaba floreciendo en Chicago y mi interés por asistir a clases disminuyó. En unas semanas descubrí que los avances que había logrado se perdieron rápidamente, y podía atribuir eso a una cosa: no tenía a nadie con quien hablar español todos los días. Sin ese apoyo, sin alguien que ayudara a reforzar el cambio de estilo de vida que estaba tratando de hacer, mis esfuerzos terminaban en fracaso. Esta es precisamente la razón por la cual los cursos de inmersión son la forma más eficaz de aprender un nuevo idioma.

Si nuestros esfuerzos de formación en la fe van a tener la esperanza de arraigarse, nuestros aprendices deben tener contacto regular con sus compañeros y padrinos que hablan el idioma de la fe. Necesitamos que la experiencia sea una de inmersión en un nuevo estilo de vida. Necesitamos marinar a los nuevos discípulos en el Evangelio de Jesucristo y en la Tradición de la Iglesia católica. La mejor manera de hacerlo es proporcionar un sistema de apoyo de compañeros y mentores que interactúen regularmente con sus aprendices para que puedan adoptar los cambios de estilo de vida que exige el discipulado. Desde los primeros años del cristianismo, los cristianos se han dado cuenta de que la jornada espiritual se camina mejor con otros y no solos. En su libro *Castillo interior* santa Teresa de Jesús, la gran mística del siglo XVI, escribió:

> Es muy importante para nosotras asociarnos con personas que caminan de la manera correcta, no solo con aquellos con quienes estamos en la jornada, sino también con aquellos que han ido más lejos. Los que se han acercado a Dios tienen la capacidad de acercarnos a él, porque en cierto sentido nos llevan con ellos.

> **Si nuestros esfuerzos de formación en la fe van a tener la esperanza de arraigarse, nuestros aprendices deben tener contacto regular con sus compañeros y padrinos que hablan el idioma de la fe.**

Ministerio relacional: ¿existe otro tipo?

Utilizamos el término "ministerio relacional" para referirnos al concepto de que los verdaderos encuentros con Cristo (y la verdadera transformación) deben ocurrir dentro del contexto de las relaciones reales, no solo a través de los programas. Esto significa formar y fomentar una relación espiritual significativa en nuestro entorno ministerial. Es por eso que el papel del catequista es tan importante: todos los libros, videos, sitios web, CD, DVD, bombos y platillos en todo el mundo no pueden conducir a un encuentro transformador con Cristo a menos que sea facilitado por catequistas que corren el riesgo de entablar una relación con quienes enseñan, mientras trabajan para fomentar una red de relaciones entre los que están aprendiendo.

Como católicos, encontramos nuestro camino hacia Jesús al caminar con otros, ya sea un grupo o un individuo. Cuando asumimos un compromiso dentro de un grupo, la experiencia no solo brinda apoyo sino que también refuerza la noción de que nos estamos comprometiendo con algo más grande que nosotros mismos. En el nivel individual, encontramos apoyo en los padrinos. Los padrinos no son expertos. No son teólogos. No han alcanzado cierto nivel de perfección. Los padrinos están simplemente unos pasos por delante de la persona a la que están asesorando. En el Ritual de la Iniciación Cristiana de Adultos (RICA), los que se preparan para el Bautismo reciben un padrino a quien "corresponde explicar al catecúmeno el influjo del Evangelio en la vida personal y en el ambiente social" (RICA, 43). Así como un carpintero o un cocinero guía a un aprendiz en su oficio, el tutor espiritual guía a un aprendiz, a alguien que no tiene tanta experiencia, en la forma de vida conocida como discipulado.

Diseñe un plan específico

Los planes de dieta identifican alimentos y hábitos alimenticios saludables que deberían reemplazar los alimentos y hábitos alimenticios poco sanos. En la dieta del discipulado, nos comprometemos a aprender las formas saludables de pensar y actuar que propone Jesús (por eso estudiamos las Sagradas Escrituras y la Tradición de la Iglesia) y nos comprometemos a ponerlas en práctica, y usamos la palabra penitencia para describir algunas de estas nuevas prácticas, que no son castigos, sino acciones que nos reparan espiritualmente a nosotros y a nuestro mundo. También usamos la palabra *virtudes* para referirnos a las nuevas formas saludables de actuar y comportarnos. Jesús mismo comunicó su proclamación de la Buena Nueva con sus asombrosos actos de curación, restauración y liberación. La palabra debe encarnarse en acción. No seguimos las palabras de Jesús sin seguir el camino de Jesús.

La práctica hace al católico

Aquí hay un ejemplo de los tipos de acciones que pueden y deben asignarse a aquellos que están profundizando su discipulado, más allá de la práctica de asistir a la misa dominical (es decir, que se pueden practicar los otros seis días de la semana). Estos se pueden practicar con un tutor, ya que son específicos y medibles.

> Incorporar los sacramentales (acciones y objetos) en la vida y el hogar o el trabajo (usar un escapulario, colocar un crucifijo o un ícono en un lugar destacado).
> Aprender a rezar el Rosario.
> Rezar el Ángelus y/o la Liturgia de las Horas.
> Observar los tiempos litúrgicos y las fiestas del año eclesiástico.
> Practicar el ayuno y la abstinencia.
> Aprender devociones, con un enfoque en la oración (el Examen Diario y *lectio divina*).
> Practicar la corresponsabilidad (tiempo, talento, tesoro).
> Practicar los principios de la enseñanza social católica.
> Aprender sobre de la vida de los santos (literatura y cine).
> Practicar obras de misericordia corporales y espirituales.
> Participar en los esfuerzos de la justicia social.
> Tomar en serio (aprender de memoria) fórmulas doctrinales y oraciones tradicionales.
> Participar en un peregrinaje.
> Experimentar la adoración eucarística.
> Leer literatura católica.
> Leer, estudiar y orar con la Biblia.
> Familiarizarse con los himnos católicos.
> Participar en un retiro.

El compromiso se muestra a través de la acción y si cualquier cambio en el estilo de vida va a tener esperanzas de éxito, debe tener un plan que incluya acciones específicas y medibles. Una de las razones por las que fracasan nuestros esfuerzos de formación en la fe es que nuestras metas son a menudo demasiado imprecisas y difíciles de medir. Alentamos a las personas a ser más amorosas, más orantes, más caritativas, más cuidadosas de las necesidades de los demás, etcétera, pero a menudo no brindamos medidas de acción específicas que puedan implementarse, observarse y evaluarse como parte de un cambio de estilo de vida. Una dieta exitosa hace más que solo exigir una alimentación más saludable, proporciona sugerencias específicas, como un número definido de calorías provenientes de frutas frescas, verduras, pescado, aves y proteínas magras. En esencia presenta un menú. De la misma manera, cuando se trata de nuestra formación en la fe, necesitamos presentar un menú de acciones específicas que contribuyan a abrazar el cambio del estilo de vida que requiere el discipulado.

La formación en la fe basada en proyectos

El verdadero compromiso lo abarca todo y se caracteriza por el establecimiento de prioridades y metas, así como la adquisición de nuevas habilidades, todo lo cual debe definirse y establecerse como un plan de acción. En la formación en la fe, somos muy buenos para formular esquemas o programas de estudio para temas doctrinales que deben abordarse. Donde necesitamos mejorar es en desarrollar planes de acción para el discipulado. Hasta que logremos que la formación en la fe sea más como aprendizaje basado en proyectos, podremos cultivar tanto éxito como un entrenador que trata de enseñar natación solo a través de un libro de texto o una charla, sin que los estudiantes se metan a la piscina. Los discípulos deben ser invitados a la piscina (no necesariamente a entrar en el extremo profundo) y se les debe enseñar a nadar. Finalmente, tales planes de acción deben comunicar el mismo sentido de urgencia que san Pablo declaró cuando dijo: "Éste es el día de

> En la formación en la fe, somos muy buenos para crear esquemas o programas de estudio para temas doctrinales que deben abordarse. Donde necesitamos para mejorar es en desarrollar planes de acción para el discipulado.

la salvación" (2 Corintios 6:2) para que podamos trabajar reorganizando nuestra vida para apegarnos a la voluntad de Dios. La formación en la fe no debe verse como un curso por completar sino como una práctica, un aprendizaje, en una nueva forma de vida.

> No puedes volver atrás y cambiar el principio, pero puedes comenzar donde estás y cambiar el final.
> —C.S. Lewis

En el aprendizaje basado en proyectos (también conocido como educación contextual o investigación en acción), los alumnos participan en experiencias directas fuera de un entorno académico tradicional, investigando y respondiendo a desafíos, preguntas o problemas de la vida real, para desarrollar habilidades, conocimientos y valores mientras aprenden a tomar la iniciativa, tomar decisiones y rendir cuentas por los resultados. Si vamos a crear un compromiso con aquellos que estamos formando en la fe, necesitamos involucrarlos en este tipo de aprendizaje eficaz, en experiencias que les permitan practicar y reflexionar sobre el estilo de vida del discipulado, en lugar de simplemente aprenderlo de manera pasiva.

Esto significa que, si los participantes están aprendiendo sobre las Bienaventuranzas, tiene sentido involucrarlos en el servicio a los pobres o participar en proyectos de justicia social, de modo que tengan una experiencia que los invite a reflexionar sobre las Bienaventuranzas: "[Bienaventurados] los pobres de espíritu" y "[Bienaventurados] los que tienen hambre y sed de justicia". Si los participantes están aprendiendo sobre la Eucaristía, tiene sentido involucrarlos en una experiencia de adoración eucarística y en dar de comer al hambriento para que experimenten la Presencia Real de Jesús en la Eucaristía y en los necesitados. Si los participantes están aprendiendo sobre el sacramento de la Reconciliación, deben participar en un servicio que sea regenerativo (por ejemplo, reparar o pintar casas antiguas o recoger basura en un parque) para que puedan experimentar de qué se trata la Reconciliación. Cada tema doctrinal que enseñamos puede y debe estar enlazado con nuestra experiencia de vida, y yo diría que a menos que podamos hacer esa conexión, no hay una buena razón para enseñar esa doctrina, pues la doctrina tiene la intención de ayudarnos a comprender la vida y cómo encontramos a Dios en medio de ella.

No ignore el pecado

Los programas de dieta normalmente evitan ciertos tipos de alimentos que se consideran poco saludables, y a menudo se esfuerzan mucho para indicar cómo estos alimentos causan daño, por qué son tan poco saludables y qué efectos tienen en el cuerpo y la salud de la persona. En la dieta del discipulado, nos comprometemos a evitar los pensamientos y las acciones que no son saludables para nosotros espiritualmente, y usamos la palabra *pecado* para describir esas realidades. En nuestra formación en la fe, no debemos tener miedo de abordar los peligros del pecado. Sin embargo, como mencioné anteriormente, no podemos simplemente proporcionar una lista de cosas que evitar. Esto no tendría más éxito que un plan de dieta que simplemente pide a las personas que eviten comer. Lo que se necesita es una forma

Seamos S.M.A.R.T.E.R. (más inteligentes)

El blogger Robert Kanaat, enfatiza que el compromiso requiere el establecimiento de metas y que hay una manera más inteligente (o SMARTER, por sus siglas en inglés) de alcanzar las metas. Él dice que nuestras metas deben ser:

> **Significativas:** necesitamos tener razones profundas para lo que esperamos hacer.
> **Muy específicas:** nuestras metas deben ser cuantificables; requieren claridad y precisión (evite la ambigüedad).
> **Alcanzables:** necesitamos establecer metas que podamos alcanzar (celebre los pequeños éxitos).
> **Relevantes:** nuestras metas deben coincidir con nuestros valores centrales y lo que realmente queremos de la vida.
> **Tiempo fijo:** necesitamos poder evaluar las metas de forma diaria, semanal, mensual y anual.
> **Evaluadas:** corremos el riesgo de ignorar las metas a largo plazo si no las evaluamos regularmente.
> **Reajustadas:** si no estamos alcanzando nuestras metas, necesitamos hacer ajustes.

("Setting S.M.A.R.T.E.R. Goals: 7 Steps to Achieving Any Goal" ["Establecer metas MÁS INTELIGENTES: 7 pasos para lograr cualquier meta"])

alternativa de comer. Simplemente evitar el pecado también sería como participar en un programa de doce pasos y pensar que la sobriedad puede equipararse con la abstinencia del comportamiento adictivo. Si bien la abstención del comportamiento adictivo es el primer paso, y muy necesario, la sobriedad implica aprender una forma completamente nueva de vivir, pensar y actuar.

Como recordará, el tercer pilar del *Catecismo de la Iglesia Católica* es la vida moral o "vida en Cristo". Ser un discípulo de Jesús requiere que tratemos a otras personas de la manera que Cristo ha enseñado. Esto significa evitar ciertos comportamientos (el pecado) mientras se practican otros (las virtudes) que expresan respeto por la dignidad de los demás. En nuestra formación en la fe, debemos presentar las virtudes y el comportamiento virtuoso como la norma para el estilo de vida de un discípulo, y debemos proporcionar oportunidades, estrategias y habilidades para que los discípulos practiquen tales comportamientos y los incorporen a su vida, mientras al mismo tiempo los ayudamos a identificar por qué otras acciones y comportamientos no son saludables, por qué deben evitarse y por qué deben guiarse por los Diez Mandamientos.

Los planes de dieta a menudo implican una "limpieza", que es un compromiso para eliminar las toxinas del cuerpo de modo que los diversos sistemas en nuestro cuerpo puedan funcionar de manera más eficiente.

> **Simplemente evitar el pecado también sería como participar en un programa de doce pasos y pensar que la sobriedad puede equipararse con la abstinencia del comportamiento adictivo.**

Un catequista dirigía el catecumenado de algunos jóvenes y les dijo que, como preparación para la lección sobre el pecado de la próxima semana, todos debían leer el capítulo diecisiete del Evangelio de Marcos. La semana siguiente, el catequista les preguntó quienes habían hecho la lectura. Todos levantaron la mano. El catequista dijo: "Perfecto. El Evangelio de Marcos tiene solo dieciséis capítulos, así que comencemos nuestra exploración del pecado enfocándonos en el pecado de la mentira."

> ## Enfóquese en lo positivo
>
> Como Iglesia, necesitamos promover una forma de vida alternativa. A mí me gusta decirles a las personas que mi libro *7 Keys to Spiritual Wellness* [*7 claves para el bienestar espiritual*] es realmente un libro sobre los siete pecados capitales en disfraz. Sin embargo, en lugar de centrarse únicamente en qué evitar (algo que la Iglesia ha hecho demasiado) propongo siete sugerencias saludables que, cuando se practican, sirven como antídotos (o preventivos) para los pecados capitales.

En la dieta del discipulado, nos comprometemos a depurar las toxinas espirituales para que nuestra alma y nuestro espíritu puedan prosperar en lugar de estar obstruidos, y usamos la palabra ayuno para referirnos a nuestra participación en una limpieza espiritual, la *confesión y absolución* para describir la limpieza espiritual que ocurre de manera sacramental.

No evite la evaluación

Anteriormente dijimos que lograr metas (mantener un compromiso) es más eficaz cuando son específicas, alcanzables, de tiempo fijo y evaluadas. Sin embargo, por alguna razón, cuando se trata de la formación en la fe, hay una tendencia a evitar "medir" o "evaluar" dónde se encuentran los discípulos en su jornada. No estoy sugiriendo que la formación en la fe se califique como una materia académica. Sin embargo, sí estoy sugiriendo que necesitamos proporcionar métodos por medio de los cuales podamos ayudar a los discípulos y a sus tutores a discernir hasta qué punto ciertos conocimientos y comportamientos del estilo de vida de un discípulo han sido adoptados e integrados en la vida diaria.

Los planes de dieta y los regímenes de alimentación o de vida saludables incluyen una serie de maneras para determinar si se logran ciertos puntos de referencia, como subir a una balanza, calcular el IMC (índice de masa corporal), hacerse un análisis de sangre, medir la presión arterial, registrar el progreso en el ejercicio, buscar evidencia de alimentos

> Cuando se trata de la formación en la fe, existe una tendencia a evitar "medir" o "evaluar" dónde se encuentran los discípulos en su jornada.

saludables en el refrigerador y en la despensa, etcétera. Del mismo modo, el RICA deja bastante claro que nosotros, los catequistas y el personal pastoral, tenemos la responsabilidad de discernir la preparación de catecúmenos y candidatos. Al hablar sobre el Rito de aceptación y bienvenida, el párrafo 15 del Rito establece explícitamente:

> Para dar este paso, se exige que los candidatos tengan ya los fundamentos de la doctrina cristiana y los inicios de la vida espiritual, a saber: la primera fe, [. . .]; la conversión inicial y la voluntad de cambiar el modo de vivir y de entrar en relación con Dios en Cristo.

Además, el párrafo 69 dice:

> Antes de que los candidatos sean admitidos entre los catecúmenos, déjese un tiempo suficiente para conocer y acrisolar los motivos de su conversión y, si es necesario, para purificar dichos motivos.

Finalmente, el Rito (párrafo 16) dice que "corresponde a los pastores de almas [. . .] juzgar los indicios externos de estas disposiciones". Los esfuerzos para hacer esto realidad en otros entornos de formación en la fe han surgido hasta cierto punto en los programas de Confirmación, tomando la forma de entrevistas con los confirmados. Sin embargo, tales entrevistas a menudo equivalen a poco más que un examen oral, obstáculos que superar antes de la Confirmación. La evaluación auténtica debe ser continua y multifacética, y debe incorporar la autoevaluación. Del mismo modo, la evaluación no debe usarse como una valoración única que califica al candidato para un sacramento, sino que debe servir como una herramienta para determinar en qué medida un discípulo en desarrollo ha tenido una conversión de corazón y de mente (muestra un espíritu de fe y caridad y un deseo de aprender más sobre Jesús y la fe católica), ha adoptado nuevas prácticas o acciones (muestra un deseo de orar y celebrar los sacramentos con la comunidad) y ha adquirido nuevos conocimientos y habilidades para servir a la misión de Cristo (muestra un deseo de servir a la misión de Cristo).

El propósito de la evaluación en la formación en la fe es discernir hasta qué punto el catecúmeno haya pasado por "un cambio de mentalidad y de costumbres" y se exige que tengan "suficiente conocimiento de la doctrina

> **La evaluación auténtica debe ser continua y multifacética, y debe incorporar la autoevaluación.**

cristiana, criterios de fe y sentimientos de caridad" (RICA, 23). Recuerde que antes mencionamos que cuando alguien asume un nuevo compromiso, esto se evidencia por un cambio en su manera de actuar, su aspecto, cómo y dónde pasa su tiempo y con quién pasa su tiempo. Estos comportamientos deben formar los criterios para la evaluación en la formación en la fe para poder ayudar a las personas a medir hasta qué punto están adoptando el estilo de vida del discipulado.

Ritualice cada paso del progreso realizado

En Alcohólicos Anónimos y otros grupos de doce pasos, se acostumbra otorgar "monedas de sobriedad" (medallas de pulgada y media de diámetro) para marcar la cantidad de tiempo que un miembro ha permanecido sobrio y abstemio de la adicción. Este ritual expresa el apoyo y el compromiso del grupo con el individuo y sirve como motivación para que el receptor continúe su búsqueda de la sobriedad. Los estudios han demostrado que la posesión de tales monedas ha tenido un impacto positivo en la autodeterminación de quien las recibe. Ese es el poder de los rituales y símbolos. Es por eso que el Ritual de la Iniciación Cristiana de Adultos está marcado por ritos o rituales a lo largo de la jornada. Estos rituales marcan de manera tangible el progreso que un individuo está logrado en el camino hacia un discipulado más profundo. Esta práctica debería ser parte de todos nuestros esfuerzos de formación en la fe como una forma de celebrar la obtención de una persona de nuevos conocimientos, habilidades y prácticas del estilo de vida de discipulado. Así como los Exploradores (Scouts) celebran el progreso en el aprendizaje práctico al otorgar insignias de mérito y premios (por avance, no competencia), la formación en la fe católica se adapta perfectamente a la ritualización porque somos una Iglesia sacramental. Los rituales de oración y los signos externos (medallas, tarjetas sagradas, íconos) pueden y deben marcar la realización de cada nueva práctica o período de crecimiento (una comisión), así como la finalización de períodos de crecimiento (no solo por niveles de grado, sino más frecuentes) o la adquisición de nuevos conocimientos, habilidades y prácticas que representen una profundización del discipulado.

> **Los rituales marcan de manera tangible el progreso que un individuo está logrando en el camino hacia un discipulado más profundo.**

Centrarse en el por qué

Finalmente, si las personas se van a comprometer con algo, necesitan saber por qué lo están haciendo. En su libro *Empieza con el porqué: cómo los grandes líderes motivan a actuar*, el autor y orador de superventas Simon Sinek, insiste en que "la gente no compra el qué; compra el porqué". Con nostalgia, muchos católicos recuerdan el antiguo *Catecismo de Baltimore*, en el que una de las primeras preguntas es "¿Por qué me hizo Dios?" [v.d.t.]. Esta pregunta y su respuesta, "Dios me hizo para conocerlo, amarlo y servirlo en este mundo, y ser feliz con Él para siempre en el cielo" [v.d.t.], van directo al por qué de nuestra fe católica. No es casualidad, entonces, que el primer capítulo de nuestro actual *Catecismo de la Iglesia Católica* también comience con el *por qué*.

> El deseo de Dios está inscrito en el corazón del hombre, porque el hombre ha sido creado por Dios y para Dios; y Dios no cesa de atraer al hombre hacia sí, y sólo en Dios encontrará el hombre la verdad y la dicha que no cesa de buscar (27).

En última instancia, las personas no elegirán la fe católica y una vida de discipulado basada únicamente en lo que hacemos, sino también en por qué hacemos lo que hacemos. Y si entendemos por qué hacemos lo que hacemos. ¡El por qué guiará lo que hacemos y cómo lo hacemos!

La tierra capaz de hacer brotar

Que sigamos, como catequistas evangelizadores, invitando a los discípulos emergentes a hacer algo más que untar un poco de "glaseado de Jesús" en el pastel de sus vidas, sino más bien a comprometerse con un cambio de estilo de vida. Cultivar la tierra es, literalmente, cambiar las condiciones en las que se plantará una semilla. El trabajo de formación en la fe es ayudar a las personas a cultivar continuamente la tierra de sus vidas para que no se compacte y sea incapaz de hacer brotar nuevos retoños.

> Cultivar la tierra es, literalmente, cambiar las condiciones en las que se plantará una semilla.

El principio y fundamento

Cuando san Ignacio de Loyola escribió sus *Ejercicios Espirituales*, también comenzó con el *por qué* en lo que se conoce como el principio y fundamento de los *Ejercicios*.

La meta de nuestra vida es vivir con Dios para siempre. Dios, que nos ama, nos dio la vida. Nuestra propia respuesta de amor permite la vida de Dios, fluir hacia nosotros sin límite.

Todas las cosas en este mundo son dones de Dios, presentado a nosotros para que podamos conocer a Dios más fácilmente y hacer un retorno de amor más fácilmente.

Como resultado, apreciamos y usamos todos estos dones de Dios en la medida en que nos ayudan a desarrollarnos como personas amorosas.

Pero si alguno de estos regalos se convierte en el centro de nuestras vidas, desplazan a Dios y por lo tanto obstaculizan nuestro crecimiento hacia nuestra meta.

En la vida cotidiana, entonces, debemos mantenernos en equilibrio antes de todos estos regalos creados en la medida en que tengamos una opción y no estemos obligados por alguna obligación. No debemos fijar nuestros deseos en salud o enfermedad, riqueza o pobreza, éxito o fracaso, una vida larga o corta. Porque todo tiene el potencial de invocar en nosotros una respuesta más profunda a nuestra vida en Dios.

Nuestro único deseo y nuestra única opción debería ser esta. Quiero y elijo lo que mejor conduce a la profundización de la vida de Dios en mí.

(*First Principle and Foundation* [El principio y fundamento], parafraseado por David L. Fleming, SJ, [v.d.t.])

Historias verdaderas

Dije anteriormente en este capítulo que necesitamos ritualizar el progreso que un discípulo en formación logra a lo largo del viaje. El poder de esos rituales se hizo evidente para mí hace muchos años cuando presenté el Rito de despedida en la misa dominical para nuestros catecúmenos del RICA. Yo había luchado durante varios años con la idea de despedir a los catecúmenos, pensando erróneamente que era inhóspito y cruel hacerlos abandonar la celebración. Sin embargo, después de participar en una experiencia de formación extraordinaria para los coordinadores del RICA, me di cuenta de que era exactamente lo contrario: ¡hacer que la gente se quedara a mirar mientras el resto de nosotros compartíamos una comida era lo inhóspito! Entonces, con la catequesis adecuada en la mano, preparé a nuestros catecúmenos y a la congregación para la introducción del Rito de despedida en las misas dominicales después de la homilía. El sacerdote convocó ritualmente a los catecúmenos, les explicó a ellos y a la congregación lo que estaba sucediendo y los envió con una oración mientras un catequista que llevaba el libro de los Evangelios los conducía en procesión a una habitación en el centro parroquial mientras la congregación cantaba una alabanza asegurándoles de sus oraciones. Cuando llegamos al centro parroquial y nos acomodamos para abrir la Palabra de Dios, pregunté a los catecúmenos cuál fue su reacción al Rito de despedida. Una de ellos, una mujer afroamericana de edad media y de voz muy suave, dijo: "Me encantó. Finalmente sentí que sabía cuál era mi papel en la asamblea. Hasta entonces solo me había sentado allí, sintiéndome perdida. Ahora sentí que tenía un papel importante que desempeñar como parte de la asamblea". El Rito de despedida la ayudó a consolidar su compromiso cada vez más profundo con el Señor y con la comunidad parroquial.

Preguntas para la reflexión y el diálogo

> ¿Hay alguien a quien conozca (incluido usted mismo si corresponde) que se ha embarcado en un cambio de estilo de vida relacionado con la dieta, el ejercicio, la salud, etcétera? ¿Qué le ayuda a alguien a tener éxito al momento de emprender un cambio de estilo de vida?

> ¿Cuál fue o es una relación que produjo un cambio importante en usted y en su vida? ¿De qué maneras?

> ¿De qué manera el tener una relación con Jesús y vivir como su discípulo exige un cambio de estilo de vida?

> ¿Quién lo ha apoyado en su vida de fe? ¿Cómo le brindó apoyo? ¿A quién ha apoyado usted y cómo?

> ¿En qué ocasión aprendió algo al practicarlo? Cuando se trata de hacer el trabajo de un discípulo de Jesucristo, ¿cuáles son algunas cosas que le gustaría que le enseñaran? ¿Qué podría enseñar usted a los demás?

> Explique lo siguiente: "Simplemente evitar el pecado sería como participar en un programa de doce pasos y pensar que la sobriedad puede equipararse con la abstinencia del comportamiento adictivo".

> Describa un momento en el que usted y sus esfuerzos en una tarea fueron evaluados. ¿Qué aprendió de esa experiencia? ¿Cómo se puede evaluar el desarrollo de una persona en una vida de fe?

> ¿Cómo respondería a la siguiente pregunta? "¿Por qué debería usted considerar una relación con Jesús?"

Las Sagradas Escrituras

"Yo conozco mis designios sobre ustedes: designios de prosperidad, no de desgracia, pues les daré un porvenir y una esperanza". (JEREMÍAS 29:11)

Oración

Dios mío, tu plan para cada uno de nosotros es que prosperemos. Gracias por revelarnos tus planes y por mostrarnos la forma de cumplirlos siguiendo a tu Hijo, Jesucristo. Ayúdame a mostrar a los demás el plan que tienes para ellos y ayúdame a caminar con ellos en nuestra jornada hacia ti. Amén.

Capítulo 9

Equipar y empoderar a la próxima generación de evangelizadores

Casi nadie compra algo en línea en estos días sin leer primero los comentarios de los clientes. Los clientes satisfechos están ansiosos por dejar comentarios brillantes, que a menudo incluyen historias personales sobre cómo han utilizado con éxito un producto o servicio en su caso único, con la esperanza de que otros en situaciones similares puedan beneficiarse. Por supuesto, los clientes descontentos están ansiosos por compartir sus experiencias con la esperanza de proteger a otros de cometer un error de compra. En cualquier caso, la verdad es que los clientes potenciales valoran profundamente la experiencia y los conocimientos de los clientes previos para ayudarlos a tomar decisiones de compra.

Crear un cuerpo de evangelizadores

En mis presentaciones, a menudo les cuento a mis audiencias sobre el libro *Creating Customer Evangelists* [Creando clientes evangelizadores] por Jackie Huba y Ben McConnell no porque pienso que deberían leerlo, sino porque, como católicos, debemos ser conscientes de que un libro que no tiene nada que ver con la fe, religión o espiritualidad usa la palabra *evangelizadores*. La premisa del libro es que los clientes deben estar tan encantados con su

"Querido, te agradezco que estés asumiendo de corazón tu responsabilidad de evangelizar a nuestros hijos, pero creo que necesitamos hablar sobre los métodos más eficaces".

producto o servicio que no podrán resistir el impulso de convertirse en *"evangelizadores entusiastas para su empresa"* [v.d.t.] (tal como está redactado en la descripción del libro) que difundirán la buena noticia a otros de boca en boca para convencerlos de que será beneficioso que sigan su ejemplo. Debido a que los clientes evangelizadores no son remunerados, sino que simplemente abogan por su firme creencia en un producto o servicio y quieren que otros se beneficien de él, son más creíbles que un vendedor o un profesional. Son considerados "evangelizadores" porque *creen y predican*. Entonces, se alienta a las empresas a "convertir" a las personas en "creyentes" que luego formarán un cuerpo de evangelizadores para abogar por su marca.

No puedo evitar pensar en Jesús cuando dijo: "los hijos de este mundo son más astutos con sus semejantes que los hijos de la luz" (Lucas 16:8). ¿Está mal que un libro sobre estrategias comerciales esté usando palabras como *evangelizador, conversión y creyentes*? No. ¡Lo que está mal es que el mundo secular con demasiada frecuencia haga un mejor trabajo que la Iglesia en estas áreas! Nadie se convertirá en un cliente evangelizador si el producto o servicio es mediocre. Debe considerarse que vale la pena dedicar el tiempo para hablar a otros sobre el producto o servicio. Cuanto más un producto o servicio satisfaga una necesidad importante de un cliente, más probable es que él o ella lo mencione a los demás.

Nuestro trabajo como catequistas evangelizadores es crear un cuerpo de evangelizadores, personas que estarán tan enamoradas de Jesucristo y de su Iglesia que se convertirán en evangelizadores francos y directos por su mejor forma de ser humanos. Un evangelizador católico tiende a ser alguien que:

> **Nuestro trabajo como catequistas evangelizadores es crear un cuerpo de evangelizadores.**

- ➕ Busca encontrarse con Jesús regularmente, cree en él y es un "cliente habitual".
- ➕ No puede resistirse a hablar bien de Jesús y recomendar a otros que lo sigan, incluidos familiares, amigos y compañeros de trabajo, sin que se les pida y sin remuneración.
- ➕ Encuentra formas de dar el "don de Jesús" para los demás.

Cualidades de los clientes evangelizadores

Los clientes evangelizadores típicamente:

> Usan los productos o servicios regularmente y creen en ellos; son clientes habituales.

> No pueden resistirse a ofrecer comentarios y recomendaciones positivas a otras personas, incluidos familiares, amigos y colaboradores, sin que se les y sin remuneración.

> A menudo dan el producto o servicio a otros como un regalo.

> Sienten que el uso de su producto o servicio les hace sentir parte de algo más grande que ellos mismos.

> Sienten una sensación de comunicación con la empresa o la marca; se sienten conocidos, queridos, atendidos y escuchados.

➕ Siente un sentido de relación con Jesús y la Iglesia, porque en ella se siente conocido, querido, atendido y escuchado.

➕ Siente que su relación con Jesús y la Iglesia lo hace sentir parte de algo más grande que sí mismo.

El primer paso para que esto sea una realidad es que los catequistas necesitamos dejar de pensar en quienes enseñamos como estudiantes y, en cambio, los considerarlos como socios y compañeros de trabajo a quienes estamos asesorando y orientando. Nuestra meta es preparar los corazones y las mentes de las personas para que, a su vez, aprendan cómo hacer lo mismo por sí mismas y por los demás. Logramos esto:

> **Necesitamos dejar de pensar en quienes enseñamos como estudiantes y, en cambio, considerarlos como socios y compañeros de trabajo a quienes estamos asesorando y orientando.**

➕ No solo hablando con ellas, sino también escuchándolas y demostrándoles que realmente nos importan.

➕ Compartiendo información "privilegiada". No solo doctrina, sino también nuestras historias personales, ideas y sabiduría sobre cómo vivir nuestra fe en el mundo.

- Dándoles estrategias para compartir y contar su propia historia de fe y hablar sobre su relación con Jesús (en persona y a través de las redes sociales) de una manera que se establezca un enlace emocional.

> **El hierro afila al hierro, el hombre en el trato con su prójimo.**
> —PROVERBIOS 27:17

- Invitándolas a participar en experiencias que las harán sentirse parte de una comunidad de personas e ideas afines y parte de un movimiento o una causa más grande que ellas mismas.

- Brindándoles oportunidades para invitar a otros a experimentar lo que ellas están experimentando.

Deleitarnos en el éxito de nuestros sucesores

Por generaciones, los padres se han esforzado por garantizar que sus hijos tengan una vida mejor que la de ellos, no solo económicamente, sino también en el ámbito de evitar errores y superar desafíos. Lo mismo es cierto para cualquiera que sea tutor de un aprendiz. Nos deleitamos en sus éxitos y queremos verlos triunfar de manera que superen nuestros propios éxitos. Para que eso suceda, un tutor hace lo siguiente:

- Proporciona la mejor sabiduría y consejo.
- Comparte todas las habilidades que posee.
- Señala errores y conflictos que deben evitarse.
- Fomenta el desarrollo de habilidades que el tutor puede no poseer o destacar.

Como ministros catequéticos y mentores de la próxima generación de discípulos de Cristo, es imperativo que cumplamos con todos los puntos anteriores para asegurarnos de que la proclamación del Evangelio de ellos sea más "eficaz" que la nuestra. Este libro ya ha señalado una serie de cosas en las que la próxima generación de católicos necesita ser mejor que las generaciones anteriores: centrarse en el quebrantamiento de las personas, establecer confianza, contar historias de las poderosas obras de Jesús, ayudar a las personas a practicar el amor desinteresado, crear un clima de alegría y gozo acogedor que toque los corazones de las personas y fomente el compromiso. Además de eso, sin embargo, me gustaría concluir este libro ofreciendo algunas sugerencias más sobre cosas en las que la próxima generación de católicos necesita ser mejor que las generaciones anteriores.

Tendrán que ser mejores para reconciliar el conflicto percibido entre la ciencia y la fe

Los estudios han revelado que más o menos a la edad de diez años, los adolescentes católicos están tomando la decisión de abandonar la Iglesia, y generalmente no es porque piensen que la misa es aburrida. Se van porque descubren cada vez más que la fe es incompatible con lo que están aprendiendo en otros campos, especialmente la cienci, que proporciona evidencia empírica y prueba los hechos como parte del proceso educativo. Por lo tanto, estos jóvenes concluyen que una gran parte de lo que se enseña en las Escrituras y en la Tradición son cuentos de hadas que pueden descartarse fácilmente. Esto es lamentable, porque la Iglesia enseña que no debe haber conflicto entre la ciencia y la fe. La ciencia enseña *cómo*, mientras que la fe enseña *por qué*. La ciencia enseña lo que es medible y observable. La fe enseña sobre realidades invisibles. Por lo tanto, decimos en el Credo de Nicea que creemos en Dios, "Creador del cielo y de la tierra, de todo lo visible y lo invisible". Creemos en realidades invisibles que no se pueden medir. Como dije en mi libro *Vivir los sacramentos: encontrar a Dios en la intersección de cielo y tierra*:

> Cuanto más estudio la ciencia, más creo en Dios [v.d.t.].
> —ALBERT EINSTEIN

> La Iglesia enseña que no debe haber conflicto entre la ciencia y la fe. La ciencia enseña *cómo*, mientras que la fe enseña *por qué*.

Hay muchas cosas que la ciencia no puede medir ni explicar. La ciencia nunca podrá explicar el significado de una obra de arte, de una poesía o de la literatura. La ciencia no puede definir ni explicar la belleza. La ciencia nunca podrá definir la bondad ni la alegría. La ciencia nunca podrá explicar el propósito de una vida humana. La ciencia no puede explicar qué es lo que hace que algo sea gracioso o triste. La ciencia no puede definir qué es lo que constituye el amor verdadero.

Cuando se trata de enseñar sobre las Escrituras, la próxima generación tendrá que hacer un mejor trabajo para explicar que la verdad y los hechos no son lo mismo y que, aunque todo en la Biblia es *verdad*, no todo en la Biblia es un hecho. Tendrán que ayudar a los futuros católicos a resistir las interpretaciones literales de partes de la Biblia (como las historias de la creación, el Arca de Noé y la aventura de Jonás y la ballena) sin descartarlas como simples cuentos de hadas, ya que transmiten verdades sagradas esenciales, y de hecho divinas. Para más información sobre este tema, le recomiendo consultar mi libro *Los planos de la Biblia: una guía católica para entender y acoger la Palabra de Dios*.

Nesecitanrán una mejor disposición para aceptar y acoger la diversidad cultural

Durante mi infancia en la parroquia de San Casimiro (St. Casimir), cerca del lado oeste de Chicago, el vecindario estaba cambiando de una población polaca a una hispana. Nuestro párroco polaco hizo todo lo posible para

Acoger la diversidad

Según una investigación del Centro de Investigación Aplicada en el Apostolado (CARA por sus siglas en inglés), desde 1960 los hispanos representan el 71 por ciento del crecimiento de la población católica de los EE.UU.. Entre 2005 y 2010, los hispanos representaron el 40 por ciento del aumento de feligreses inscritos en las parroquias estadounidenses. Para el año 2030, según una investigación del Pew Research Center [Centro de Investigación Pew], los anglosajones ya no serán una mayoría estadística entre los católicos estadounidenses, representando solo el 48 por ciento de la población católica, mientras que los hispanos representarán el 41 por ciento, los asiático-americanos el 7.5 por ciento y los afroamericanos el 3 por ciento. La próxima generación de católicos necesitará aceptar y celebrar esta diversidad, de no ser así, los católicos no anglosajones quizás decidirán buscar el Evangelio de Jesucristo en otros lugares, lo cual muchos ya están haciendo.

dar la bienvenida a la nueva población a la parroquia e incluso aprendió a hablar español para que, en ocasiones especiales, pudiera dar sus homilías en inglés, polaco y español. Recuerdo, sin embargo, que tan pronto comenzaba la parte en español de la homilía, una feligresa polaca que desde mucho tiempo atrás siempre se sentaba en la primera banca, se levantaba y caminaba a lo largo del pasillo golpeteando fuertemente con sus tacones. Cuando terminaba la parte en español, volvía con estruendo por el mismo pasillo para que todos la vieran y escucharan. Era su forma de protesta contra los recién llegados, contra quienes sentía que no pertenecían. Si bien la mayoría de las personas católicas no manifiestan acciones tan abiertamente como la feligresa polaca, necesitamos hacer mucho más para aceptar y acoger los rostros cambiantes de nuestras parroquias. Destaco las palabras aceptar y acoger, no tolerar. La diversidad debe ser aceptada y acogida ya que refleja la grandeza de Dios y el poder de su Palabra para trascender todos los idiomas. Debido a que todas las personas están hechas a imagen y semejanza de Dios, quienes se ven diferentes a nosotros nos enseñan algo sobre Dios que de otra manera no aprenderíamos.

> La diversidad debe ser aceptada y acogida ya que refleja la grandeza de Dios y el poder de su Palabra para trascender todos los idiomas.

Tendrán que ser mejores para evitar las ideologías políticas y centrarse en la enseñanza social católica

La próxima generación de católicos debe darse cuenta de que no podemos sentirnos como "en casa" en ningún partido político en los Estados Unidos. Ninguna de las partes encarna plenamente las enseñanzas de la Iglesia católica y nosotros, como católicos, debemos ser percibidos como verdaderos independientes, sin una lealtad ciega hacia cualquier partido. En lugar de apoyar ciegamente a un candidato u otro porque se ajusta a nuestra ideología política, necesitamos hacer campaña por los principios y señalar a cualquier político que no esté cumpliendo con los principios del Evangelio mientras que apoyamos a los que sí lo están. La próxima generación de católicos tendrá que revelar de mejor manera uno de los secretos mejor guardados de la Iglesia: la enseñanza social católica. Que este cuerpo de enseñanza todavía se considere el secreto mejor guardado de la Iglesia es escandaloso en el peor de los casos y vergonzoso en el mejor. En la parábola del Juicio Final, Jesús deja en claro nuestra responsabilidad de atender las necesidades de los demás. La Iglesia nos recuerda que, si queremos vivir como seguidores de Jesús, debemos vivir como personas para los demás. La Iglesia nos enseña esta responsabilidad a través de los siete principios de la ensañanza social católica:

La próxima generación de católicos tendrá que revelar de mejor manera uno de los secretos mejor guardados de la Iglesia: la enseñanza social católica.

➕ **La vida y la dignidad de la persona.** Estamos llamados a preguntarnos si nuestras acciones como sociedad respetan o amenazan la vida y la dignidad de las personas.

➕ **El llamado a la familia, a la comunidad y a la participación.** Estamos llamados a apoyar a la familia, la principal institución social, para que las personas puedan participar en la sociedad, fomentar un espíritu comunitario y promover el bienestar de todos.

➕ **Los derechos y deberes.** Estamos llamados a proteger los derechos que todas las personas tienen de tener acceso a las cosas necesarias para una vida digna, como alimentos, ropa y refugio.

➕ **La opción por los pobres e indefensos.** Estamos llamados a prestar especial atención a las necesidades de los pobres.

➕ **La dignidad del trabajo y los derechos de los trabajadores.** Estamos llamados a proteger los derechos básicos de todos los trabajadores: el derecho a la participación en el trabajo productivo, los salarios justos, la propiedad privada y el derecho de organizarse, unirse a sindicatos y buscar oportunidades económicas.

➕ **La solidaridad.** Estamos llamados a reconocer que, puesto que Dios es nuestro Padre, todos somos hermanos y hermanas, con la responsabilidad de cuidarnos unos a otros.

➕ **El cuidado por la creación de Dios.** Estamos llamados a cuidar todo lo que Dios ha hecho.

Tendrán que ser mejores
para hacer de la fe algo relevante

Cuando san Ignacio formó la Compañía de Jesús (los jesuitas) en el siglo XVI, hizo algo radicalmente diferente de la norma: decidió no establecer un monasterio, un lugar para pasar horas en oración litúrgica. En cambio, envió a los jesuitas al mundo para involucrarse en la cultura y conducir a las personas a una conciencia más profunda de la presencia de Dios en la vida diaria. Él intentó hacer que la fe fuera relevante para la vida de las personas. Hoy, de aquellos que se identifican como no-religiosos, una de las principales razones que dan para no serlo es que la Iglesia o la fe no tienen relevancia en sus vidas. En última instancia, esto se reduce al hecho de que, en cada generación, los jóvenes les harán a sus maestros, padres y ancianos la eterna pregunta: "¿Por qué tengo que saber esto?". La próxima generación de católicos tendrá que responder mejor a esa pregunta. "Porque lo digo yo" no será suficiente. Lo cual significa que deberán reflexionar profundamente sobre la conexión de cada doctrina de la Iglesia con la vida diaria, ya que si no se encuentra un vínculo, no hay razón para enseñarla. Todo lo que enseñamos debe tener una dinámica de "si y entonces": "Si creo que Jesús es completamente humano y completamente divino, entonces . . ." o "Si creo en la Comunión de los Santos, entonces . . .". Y el *entonces* debe conducir a una forma diferente de ser humanos.

Tendrán que ser mejores
para hacer que la alabanza sea más profunda

No importa cuán efectiva sea nuestra catequesis, si nosotros, como católicos, alabamos de una manera superficial y mediocre. He escuchado a numerosas voces afirmar que la apologética intensa resolverá todos los problemas de la Iglesia, pero si la liturgia es la fuente y culmen de la vida cristiana, eso significa que la forma en que alabamos es de suma importancia o, como mi amigo el padre John Breslin siempre le recuerda a su congregación: "¡La misa es lo más importante que hacemos!". La frase latina *lex orandi, lex credendi* nos recuerda que la ley de la oración ("la forma en que alabamos") es la ley de la creencia ("lo que creemos"). Esta

> No importa cuán efectiva sea nuestra catequesis si nosotros, como católicos, alabamos de una manera superficial y mediocre.

frase a menudo se expande para leerse *lex orandi, lex credendi, lex vivendi*, que conecta la forma en que alabamos con lo que creemos y también con cómo vivimos. La próxima generación de católicos necesitará ser mejor para garantizar que toda la alabanza católica sea profunda y no superficial.

Tendrán que ser mejores al formular expectativas para los discípulos

El poeta romano Ovidio una vez contó una historia (en *Las metamórfo-sis*) de un hombre llamado Pigmalión, un escultor que creó una estatua de marfil que representaba su noción de la mujer ideal. Luego se enamoró de la estatua y rezó a los dioses para que le dieran una esposa a semejanza

---

Evitar que los rituales se vuelvan rutina

Hay una línea muy tenue entre ritual y rutina. Una rutina es una acción que realizamos una y otra vez de la misma manera sin o casi sin pensarlo. Un ritual también es una acción que realizamos una y otra vez de la misma manera pero con un pensamiento reverente y profundo. La próxima generación de católicos necesitará ser mejor para garantizar que nuestros rituales litúrgicos nunca se conviertan en rutina. Tendrán que asegurarse de que nuestra adoración siempre se caracterice por la presencia de la música y el canto fuertes, el silencio profundo, los movimientos y gestos reverentes, buenas homilías y signos, símbolos y rituales sólidos.

Después de la Comunión en una misa que incluyó una homilía muy larga y aburrida, el párroco anunció que deseaba reunirse con el consejo parroquial en la sacristía después del canto de despedida. Sin embargo, el primero en llegar fue un completo desconocido. "Debes haber entendido mal mi anuncio", dijo el párroco, "Esta es una reunión con el consejo parroquial". "Lo sé" dijo el hombre, "pero si hay alguien aquí que necesite un consejo más que yo, me gustaría conocerlo".

de la estatua. Afrodita respondió a su oración, y la estatua cobró vida y se convirtió en su esposa. Se podría decir que la estatua "estuvo a la altura de" las altas expectativas de Pigmalión. En la educación tenemos el término "efecto Pigmalión", que describe la tendencia de los estudiantes a cumplir con lo que se espera de ellos y, por lo tanto, la necesidad de que los maestros tengan altas expectativas de sus estudiantes. Varios estudios han demostrado que los maestros tienden a formar expectativas sobre la capacidad de éxito de sus estudiantes y luego responden en consecuencia, tratando a los estudiantes con "altas expectativas" de manera diferente a los estudiantes con "bajas expectativas". Los estudiantes captan el trato diferencial y responden en consecuencia. Crear una cultura de altas expectativas a menudo se considera una tarea de liderazgo esencial.

En la formación en la fe, con demasiada frecuencia la única expectativa que se tiene de los participantes es presentarse y completar el "curso", generalmente para "calificar" para recibir un sacramento. En cambio, el enfoque de la formación en la fe debería ser ayudar a los participantes a acoger y practicar las responsabilidades que son parte integral del discipulado. Cuando las expectativas son bajas, la indulgencia es alta. La próxima

¡Hola, compañero!

En mi libro, *A Church on the Move: 52 Way to Get Mission and Mercy in Motion* [Una Iglesia en movimiento: 52 formas de poner en marcha la misión y la misericordia], escribí:

> A través del sacramento del Bautismo, nos convertimos en compañeros de Jesús en su misión. Disfrutamos los beneficios de la asombrosa gracia que se nos concede al asociarnos con Jesús, entre los cuales está nuestra salvación. Al mismo tiempo, esta asociación requiere que contribuyamos al crecimiento de la misión que Jesús ha confiado a la Iglesia. Hay dos caras de la moneda del discipulado. Si vamos a convertirnos en una Iglesia en movimiento, debemos prestar más atención a las expectativas que conlleva el discipulado. Y podemos comenzar tratando a las personas que se unen a nuestras parroquias como compañeros y no como feligreses. [v.d.t.]

generación de católicos necesitará ser mejor al establecer altas expectativas para quienes enseñan de modo que lleguen a reconocerse como compañeros en la misión con Jesucristo.

Necesitarán ser mejores para dominar la tecnología

Cuando mi nieta, Olivia, tenía diez meses, podía interactuar con la pantalla de un teléfono inteligente o una tableta. No hay duda de que los jóvenes de hoy son nativos digitales y que su exposición e interacción con la tecnología desde muy pequeños (y sus cerebros maleables aún se están desarrollando) está "calibrando" los cerebros para que funcionen de manera diferente a los de las generaciones anteriores. Una vez que los niños reciben una educación formal, ya están acostumbrados a acceder a la información e interactuar con otras personas a través de plataformas digitales. El día que escribía esta sección, el clima invernal en Chicago fue brutal, lo que provocó el cierre de las escuelas. Sin embargo, noté que el anuncio en la pantalla del televisor también incluía varias escuelas que declaraban un "día de aprendizaje digital", lo que significa que los estudiantes, de hecho, no tenían un día libre para jugar en la nieve, sino que estarían aprendiendo desde casa utilizando la tecnología.

Por una variedad de razones, la formación en la fe se ha retrasado con respecto a la integración de la tecnología en el aprendizaje. Antes de continuar, permítame reiterar que la formación en la fe no es lo mismo que el trabajo escolar ya que no es la enseñanza de una materia sino la facilitación de un encuentro con Cristo. Ninguna tecnología puede reemplazar a la persona del catequista o tutor. Al mismo tiempo, la tecnología puede proporcionar acceso al aprendizaje y la inspiración que respalda y refuerza ese encuentro. La próxima generación de católicos deberá ser mejor

> **El enfoque de la formación en la fe debería ser ayudar a los participantes a acoger y practicar las responsabilidades que son parte integral del discipulado.**

> **La próxima generación de católicos deberá ser mejor al integrar el uso eficaz de la tecnología en el entorno de la formación en la fe.**

al integrar el uso eficaz de la tecnología en el entorno de la formación en la fe. El filósofo canadiense Marshall McLuhan dijo que: "el medio es el mensaje". Si bien eso puede ser una exageración, contiene un núcleo de verdad: el medio definitivamente añade o resta valor al mensaje. Sin el uso de la tecnología actual en su experiencia de formación en la fe, los aprendices pueden concluir fácilmente que el mensaje que transmitimos no es relevante.

Tendrán que ser mejores para poblar la imaginación de las personas con imágenes católicas

Al hablar sobre el papel que desempeñan los padres, padrinos, abuelos, catequistas y maestros en la formación en la fe de los niños, mi amigo y colega Tom McGrath a menudo enfatiza la necesidad de "poblar la imaginación" de los jóvenes con historias, imágenes, signos y símbolos de nuestra fe católica. A una edad muy temprana, los niños desarrollan su manera de ver el mundo. Algunos desarrollan una cosmovisión positiva que reconoce la verdad, la belleza y la bondad como más potentes que lo negativo. Otros desarrollan una visión del mundo que es especialmente negativa, y ven el mundo como algo sospechoso y poco digno de confianza. La imaginación católica ve el mundo infundido con la bondad y la belleza de Dios, y nuestros esfuerzos en la formación en la fe deben tratar de "poblar la imaginación" de los jóvenes con las historias e imágenes de nuestra Tradición católica.

La imaginación de los niños pequeños estará poblada de algo, pero la pregunta es, ¿de qué? Si se deja a la cultura popular, muchas de las ideas e imágenes que poblarán su imaginación serán triviales y egocéntricas. La próxima generación de católicos tendrá que ser mejor para poblar la imaginación de las personas con historias (de las Sagradas Escrituras y de las vidas de los santos) e imágenes (signos, símbolos y sacramentales) que comuniquen un Dios amoroso que está cerca de nosotros y que nos enseña la forma de amarnos unos a otros como Jesús nos ama.

> Nuestros esfuerzos en la formación en la fe deben tratar de "poblar la imaginación" de los jóvenes con las historias e imágenes de nuestra Tradición católica.

Tendrán que ser mejores en la enseñanza de la oración, la espiritualidad y el discernimiento

Cuando las personas dicen que son "espirituales pero no religiosas", quieren decir que sus necesidades espirituales no se ven satisfechas por las instituciones religiosas. Es lamentable que la Iglesia católica sea vista principalmente como una institución en lugar de un camino espiritual. Me parece interesante que cuando realizo una búsqueda de imágenes en Google sobre hinduismo, judaísmo o budismo, estas sean las primeras imágenes que aparecen:

➕ Hinduismo: una imagen de Krishna

➕ Judaísmo: una Estrella de David

➕ Budismo: una imagen del Buda

Sin embargo, la primera imagen que aparece para el catolicismo es un edificio: ladrillos y cemento. La próxima generación de católicos tendrá que ser mejor al proponer la fe católica como un camino espiritual y la Iglesia como hecha de "piedras vivas". En particular, la próxima generación de católicos tendrá que ser mejor al enseñar a otros no solo sus oraciones, sino también cómo orar. Tendrá que ser mejor presentando la oración como uno de los cuatro pilares de la fe católica, a la par de los otros tres y no simplemente como un complemento. Tendrá que ser mejor al formar personas en las prácticas espirituales que fomenten una relación íntima con Jesús y hagan palpable la cercanía de Dios. Y, por último, deberán ser mejor al enseñar el arte del discernimiento espiritual de modo que los discípulos de Jesús recurran con confianza al Espíritu Santo para que los ayude a tomar tanto las decisiones cotidianas como las decisiones importantes de la vida.

> **La próxima generación de católicos tendrá que ser mejor al enseñar a otros no solo sus oraciones sino también cómo orar.**

Tendrán que ser mejores formando familias (apoyando a los padres de familia)

Durante demasiado tiempo, nosotros como Iglesia hemos estado hablando de dientes afuera sobre la idea de que los padres son los principales maestros de sus hijos cuando se trata de formarlos en la fe y que el hogar es la iglesia doméstica. Y sin embargo, muchos, si no la mayoría, de nuestros modelos de formación en la fe continúan alentando a los padres a dejar a sus hijos en la parroquia para que esta pueda formarlos en la fe mientras ellos hacen algunos mandados. En esencia, hemos capacitado a los padres de familia para que sean choferes muy eficaces que transportan a sus hijos a la parroquia, donde otros los forman en la fe. En respuesta a esta desafortunada realidad, el Papa Francisco hizo un llamado a los padres para que "vuelvan de su exilio" y "vuelvan a asumir plenamente su función educativa".

De principio a fin, desde el primer día que los padres de familia llevan a sus hijos a la educación religiosa hasta el día en que completan su formación formal, deberíamos hablar con los padres no sobre cómo pueden ellos ayudarnos, sino cómo estamos nosotros aquí para ayudarlos a ellos. Todo comienza con la mentalidad de que los padres tendrán expectativas puestas en los catequistas cuando se trata de la formación en la fe de sus hijos. Si eso suena pesado, solo póngase a pensar en todas las actividades en las que los padres de familia inscriben a sus hijos que requieren su participación, como ser voluntarios para atender el carrito de salchichas para el juego de fútbol de sus hijos. La próxima generación de católicos tendrá que hacer un mejor trabajo tanto para formar padres de familia como para ayudarlos a formar a sus propios hijos. También deberán ser mejores para ayudar a los padres a construir su hogar como una iglesia doméstica: un lugar donde la presencia de Dios sea reconocida, bienvenida, celebrada y a la que se le responde.

> Hemos capacitado a los padres de familia para que sean choferes muy eficaces que transportan a sus hijos a la parroquia, donde otros los forman en fe.

Tendrán que ser mejores para salir al mundo

En muchos programas médicos y de crimen en la televisión, vemos escenas de médicos que realizan autopsias a las víctimas para determinar la causa de muerte. Mientras escribía esta sección del libro, escuché la noticia de que varias parroquias de Chicago estaban cerrando. ¿Qué causa que una parroquia o una iglesia "muera"? Si bien hay muchas razones, que entre ellas están las demográficas, a menudo no analizamos la situación lo suficientemente a fondo como para evitar que vuelva a suceder. Es por eso que el nombre de un libro en particular me llamó la atención hace varios años: *Autopsia de una iglesia muerta: 12 maneras de mantener viva la suya*, por Thom S. Rainer. Rainer reporta sobre las "autopsias" que realizó en las iglesias que murieron y descubrió que todas tenían una cosa en común: habían centrado su atención hacia adentro. Se habían hecho de la vista gorda ante los cambios que estaban ocurriendo en su comunidad y se habían esforzado poco por interactuar con los nuevos residentes. No había ministerios centrados en la comunidad. El presupuesto de la iglesia se enfocaba únicamente en las necesidades de los miembros, y había cada vez más discusiones sobre lo que ellos, los miembros, querían. Como resultado, perdieron cualquier sentido de misión y propósito, su membresía disminuyó, la edad promedio de los feligreses aumentó y terminaron idolatrando épocas anteriores hasta que sus puertas cerraran definitivamente.

La próxima generación de católicos necesitará ser mejor para tener un enfoque externo. El Papa Francisco habla continuamente de una Iglesia que sale a las periferias y acompaña a las personas. Con demasiada frecuencia creamos límites entre los de adentro y los de afuera y dedicamos todo nuestro tiempo, energía y recursos a los de adentro. Por el contrario, Jesús envió a sus discípulos más allá de los límites que habitualmente mantenían al pueblo judío aislado de los que lo rodeaban. La próxima generación de católicos necesitará recuperar este espíritu misionero, aventurarse más allá de los límites habituales y enfocarse en las necesidades de las personas en las periferias.

Tendrán que ser mejores para crear una conexión con los hombres

Las mujeres suelen adaptarse mejor a los entornos tradicionalmente masculinos que los hombres a los entornos tradicionalmente femeninos. Por ejemplo, aunque muchas mujeres suelen ir a bares o estadios para apoyar a equipos deportivos profesionales (de hombres), muchos hombres evitan ir a un *baby shower* como si les diera alergias. Por una variedad de razones, los hombres han comenzado a ver cada vez más a la iglesia como un lugar femenino. Esto puede parecer extraño porque la jerarquía de la Iglesia católica es completamente

> Por una variedad de razones, los hombres han comenzado a ver cada vez más a la iglesia como un lugar femenino.

masculina. Sin embargo, si nos fijamos bien, la mayoría de las personas en las bancas de la iglesia, y en los ministerios, son mujeres. Más del 80 por ciento de los ministros eclesiales laicos en los Estados Unidos son mujeres laicas y religiosas. Cuando servía como catequista, siempre era una minoría como hombre. Cuando participé en un programa para obtener un certificado en orientación espiritual, era el único hombre en un grupo de diecisiete personas. Esta brecha de género es extrañamente peculiar del cristianismo.

En su libro, *Why Men Hate Going to Church* [Por qué los hombres odian ir a la iglesia], David Murrow explica que, desde el momento en que los hombres entran a la iglesia, captan señales sutiles de que han entrado en territorio femenino: imágenes de Jesús que lo muestran como suave y manso; flores, pancartas y colores pastel; invitaciones para tomarse de las manos; alabanzas con notas demasiado altas para cantar y contienen letras sobre cómo amar a Jesús; e invitaciones a ministerios de atención y cuidado a otros. La próxima generación de católicos necesitará mejoral en el uso de imágenes que creen una conexión con los hombres y los ayuden a prestar más atención a su espiritualidad y a acoger roles para desempeñar en el ministerio.

Labre la tierra cuando el suelo le señale que es el momento

Los jardineros profesionales saben que el mejor momento para labrar la tierra es cuando el suelo les dice que es el momento. En otras palabras, el jardinero necesita examinar el suelo para determinar si necesita ser labrado. Lo hace tomando un puñado de tierra, apretándola con el puño y luego presionando un dedo ligeramente contra la bola de tierra. Si la bola se desmorona por estar seca y compactada, es hora de labrar. No toda la tierra necesita ser labrada. Y algunas tierras necesitan ser labradas más profundamente que otras.

A medida que buscamos preparar los corazones y las mentes de las personas, también debemos "sentir la tierra". Necesitamos prestar mucha atención a las personas que se nos confían en la formación en la fe para poder responder de una manera con la que puedan identificarse ellas y sus circunstancias, permitiendo así que las semillas de la Palabra de Dios echen raíces y produzcan una cosecha.

La nueva evangelización no será impulsada por anuncios de televisión, anuncios impresos, vallas publicitarias o publicidad en redes sociales. Será impulsada por personas comunes y corrientes que no temen ensuciarse las manos labrando la tierra y sembrando las semillas al compartir sus historias de cómo el vivir como discípulos de Jesucristo ha transformado sus vidas y les ha permitido vivir un mejor camino.

Historias verdaderas

Las personas que me conocen bien saben que me apasiona formar jóvenes talentosos en el ministerio y que me deleito en el éxito de los futuros ministros pastorales, especialmente en el campo de la catequesis, la parte de la viña del Señor donde he trabajado con alegría por más de cuarenta años. Hace varios años, Loyola Press me invitó a escribir un libro sobre la espiritualidad del catequista, y me animaron a identificar a una mujer que pudiera ser coautora conmigo, porque la mayoría de los catequistas son mujeres. Lo pensé mucho por unos cinco segundos antes de mencionar el nombre de Julianne Stanz de la Diócesis de Green Bay, Wisconsin, quien es unos veinticinco años menor que yo. Juntos colaboramos en lo que se convirtió en un libro muy exitoso, *La mochila del catequista: lo indispensable para el camino espiritual*, y comenzamos a llevarlo de gira, haciendo presentaciones sobre el tema de la espiritualidad del catequista. Estas experiencias llevaron a más y más invitaciones para que Julianne hiciera presentaciones sobre una variedad de temas en diócesis de todo el país.

Una amiga mía que se percató de esto preguntó: "¿No te preocupa que Julianne te robe la atención?". Me reí y dije: "¡Por supuesto que no! Estoy absolutamente encantado de ver su estrella en ascenso. Yo ya he tenido mis quince minutos de fama. Ya es hora de que una nueva generación de líderes dé un paso al frente". Desde entonces, he tenido la alegría de colaborar con muchas otras "estrellas" catequéticas prometedoras y me encanta ver brillar a todas y a cada una de ellas.

Y cuando yo esté seis pies bajo tierra, descansaré en paz sabiendo que el sonido que escucho encima de mí será el de la próxima generación de ministros catequéticos que labran la tierra.

> La nueva evangelización será impulsada por personas comunes y corrientes que no temen ensuciarse las manos labrando la tierra y sembrando las semillas.

Preguntas para la reflexión y el diálogo

> ¿Cuándo ha actuado como "cliente evangelizador" y persuadido a alguien para que comprara un producto o servicio que usted había comprado anteriormente?

> ¿Qué significa tratar a quienes enseñamos no como estudiantes sino como socios y compañeros de trabajo que son nuestros aprendices?

> ¿Qué hace que una iglesia muera? ¿Por qué tener un enfoque externo es crítico para la supervivencia como iglesia?

> ¿Cómo ve la relación entre la fe y la ciencia? ¿Ha sido esta un obstáculo para usted? ¿Por qué sí o por qué no?

> ¿Dónde ha experimentado la diversidad cultural? ¿Cómo pueden las personas de diversas etnias revelar aspectos de Dios de los que quizás no hayamos sido conscientes?

> ¿Quién ha hecho de la fe algo relevante para usted? ¿Cómo lo logró?

> ¿Quién es una persona que generó esas expectativas que lo llevaron a aceptar las responsabilidades que conlleva el discipulado?

> ¿Quién es una persona cuyo éxito le deleita porque usted fue parte de su desarrollo y crecimiento?

Las Sagradas Escrituras

Vayan y hagan discípulos entre todos los pueblos, bautícenlos consagrándolos al Padre y al Hijo y al Espíritu Santo, y enséñenles a cumplir todo lo que yo les he mandado. Yo estaré con ustedes siempre, hasta el fin del mundo. (MATEO 28:19–20)

Oración

Dios todopoderoso y eterno, gracias por enviarnos a tu Hijo, Jesús, para enseñarnos cómo vivir a tu imagen y semejanza. Que el Espíritu Santo continúe inspirándonos a mí, a mis compañeros catequistas y a todos quienes enseñamos a preparar nuestros corazones y mentes para que la Palabra Viva pueda echar raíces y producir una cosecha abundante. Amén.

BIBLIOGRAFÍA

Berger, Jonah. *Contagious: Why Things Catch On* [Contagioso: por qué las cosas se comparten]. Nueva York, NY: Simon & Schuster, 2013.

Brown, Barbara Taylor. *Speaking of Sin: The Lost Language of Salvation* [Hablando del pecado: el lenguage perdido de la salvación]. Lanham, MD: Cowley Publications, 2000.

Catecismo de la Iglesia Católica. Segunda Edición. Vaticano: Librería Editrice, Vaticana, 2000.

Congregación para el clero. *Directorio General para la Catequesis*. Washington D.C.: United States Conference of Catholic Bishops, 2005. Vaticano: Librería Editrice Vaticana, 1997.

Dillon, Christine. *Stories Aren't Just for Kids: Busting 10 myths about Bible storytelling* [Las historias no son solo para niños: quebrar 10 mitos sobre las historias de la Biblia]. Amazon Digital Services, LLC, 2017.

——*Telling the Gospel Through Story: Evangelism That Keeps Hearers Wanting More* [Contar el Evangelio a través de la historia: evangelismo que mantiene a los oyentes queriendo más]. Downers Grove, IL: Intervarsity Press, 2012.

Donovan, Jeremey. *How to Deliver a TED Talk: Secrets of the World's Most Inspiring Presentations* [Cómo dar una charla TED: los secretos de las presentaciones más inspiradoras del mundo]. Lexington, KY: Auto-publicado, 2012.

Evangelii Nuntiandi. Exhortación apostólica, Papa Pablo VI, 1975.

Fleming, SJ, David L. *¿Qué es la espiritualidad ignaciana?*. Chicago, IL: Loyola Press, 2013.

Go and Make Disciples: A National Plan and Strategy for Catholic Evangelization in the United States. United States Conference of Catholic Bishops, 1993.

Green, Charles H. *Trust-Based Selling: Using Customer Focus and Collaboration to Build Long-Term Relationships* [Ventas basadas en confianza: usar el enfoque y la colaboración del cliente para establecer relaciones de largo plazo]. Nueva York, NY: McGraw-Hill Education, 2005.

Halbach, Matthew. "New Pope, New Evangelization, New Return to Old (but Good) Ideas" ["Nuevo Papa, nueva evangelización, nuevo retorno a las ideas antiguas (pero buenas)"]., *Catechetical Leader* [Líder Catequético], Septiembre 2013, Volumen 24, Número 5.

——"What Parables Can Teach the Synod Fathers and the Church Today" ["Lo que las parábolas pueden enseñar a los Padres Sinodales y a la Iglesia hoy"]. *Catechetical Leader* [Líder Catequético], Marzo 2015, Volumen 26, Número 2.

Huba, Jackie, and Ben McConnell. *Creating Customer Evangelists: How Loyal Customers Become a Volunteer Salesforce* [Creando clientes evangelizadores: cómo los clientes leales se convierten en vendedores voluntarios]. Chicago, IL: Dearborn Trade Publishing, 2003.

Kanaat, Robert. "Setting S.M.A.R.T.E.R. Goals: 7 Steps to Achieving Any Goal" [Establecer metas MÁS INTELIGENTES: 7 pasos para lograr cualquier meta"]. Fuente: https://www.wanderlustworker.com/setting-s-m-a-r-t-e-r-goals-7-steps-to-achieving-any-goal/

Manney, Jim. *What Do You Really Want? St. Ignatius Loyola and the Art of Discernment* [¿Qué es lo que realmente quieres? San Ignacio de Loyola y el arte del discernimiento]. Chicago, IL: Loyola Press, 2015.

Murrow, David. *Why Men Hate Going to Church* [Por qué los hombres odian ir a la iglesia]. Nashville, TN: Thomas Nelson, 2011.

Paprocki, Joseph. *A Church on the Move: 52 Ways to Get Mission and Mercy in Motion* [Una Iglesia en movimiento: 52 formas de poner en marcha la misión y la misericordia]. Chicago, IL: Loyola Press, 2016.

——*7 Keys to Spiritual Wellness: Enriching Your Faith by Strengthening the Health of Your Soul* [7 claves para el bienestar espiritual: enriquecer su fe al fortalecer la salud de su alma]. Chicago, IL: Loyola Press, 2012.

——*Vivir los sacramentos: encontrar a Dios en la intersección de cielo y tierra.* Chicago, IL: Loyola Press, 2019.

Rainer, Thom. *Autopsia de una iglesia muerta: 12 maneras de mantener viva la suya.* Nashville: B&H Publishing Group, 2014.

Ritual de la iniciación cristiana de adultos. 4a edición. La Conferencia del Episcopado Mexicano. D.F., México: La Buena Prensa, A.C., 2005.

Missal Romano. 13a edición. D. F., México: La Buena Prensa, A.C., 2003.

Shea, John. *An Experience Named Spirit* [Una Experiencia Llamada Espíritu]. Allen, TX: Thomas More, 1996.

——*Stories of Faith* [Historias de fe]. Chicago, IL: Thomas More, 1980.

Sinek, Simon. "Why Good Leaders Make You Feel Safe" ["Por qué los grandes líderes los hacen sentir seguros"]. TED

——Rodríguez-Courel Ginzo, Martín (traductor). *Empieza con el porqué: cómo los grandes líderes motivan a actuar.* Buenos Aires: Empresa Activa, 2018.

Teófan el Recluso. "1st Homily on Prayer" [Primera homilía sobre la oración]. Dada el 21 de noviembre de 1864, traducida al inglés del ruso por rev. padre Michael van Opstall, enero 2007. Fuente: http://www. monachos.net/content/patristics/patristictexts/228-theophan-prayer1

Teresa de Ávila. *The Collected Works of St. Teresa of* Ávila *(Vol. II)* including *The Interior Castle* [Las obras de santa Teresa de Ávila (Vol II) incluyendo *El castillo interior*]. Washington, DC: ICS Publications, 1980.

Warren, Cortney S. "Music Is What Feelings Sound Like" ["La música es como suenan los sentimientos"]. *Psychology Today* [Psicología Hoy], 23 de octubre de 2014.

Westerhoff III, John H. *Will Our Children Have Faith?* [¿Tendrán fe nuestros hijos?]. (Tercera edición revisada). Nueva York, NY: Morehouse Publishing, 2012.

Wright, N.T.; Pastor Ramos, Federico (traductor). *Sencillamente Jesús: una nueva visión de quién era, qué hizo y por qué es importante.* Madrid: PPC Editorial, 2014.

Otros libros de la serie La caja de herramientas

La caja de herramientas del catequista

Cómo triunfar en el ministerio de la catequesis

La caja de herramientas del catequista es un libro muy práctico que incluye ideas, técnicas y metodologías para la catequesis.

Rústica | 978-0-8294-2767-7 | $9.95

La mochila del catequista

Lo indispensable para el camino espirtual

Escrito por dos laicos expertos en catequesis de renombre en el ámbito nacional, *La mochila del catequista* brinda a los catequistas recursos que atienden a la dimensión espiritual de su llamado a compartir la fe católica.

Rústica | 978-0-8294-4421-6 | $9.95

Los planos de la Biblia

Una guía católica para entender y acoger la Palabra de Dios

Mediante caricaturas ingeniosas, recuadros que invitan a reflexionar y pequeños cuestionarios que completan sus fáciles enseñanzas sobre la Biblia, Paprocki lleva a los católicos laicos a entender la estructura, organización y objetivo de la Palabra de Dios.

Rústica | 978-0-8294-2858-2 | $9.95

Para hacer sus pedidos llame al **800.621.1008** o visite **store.loyolapress.com**

Otros títulos **en español**

Vivir la misa

Cómo una hora a la semana puede cambiar tu vida

En *Vivir la misa* el Padre Grassi y el afamado escritor y catequista Paprocki explican detalladamente cómo cada parte de la misa se relaciona con la llamada que recibimos en el bautismo, poniendo en estrecha relación la misa dominical y el resto de nuestra semana.

Rústica | 978-0-8294-3758-4 | $13.95

La experiencia transformadora de encontrarse con Cristo

Bajo la influencia de Jesus

La experiencia transformadora de encontrarse con Cristo es una invitación a encontrarnos con Cristo de una forma completamente nueva, para que prosperemos bajo su señorío y para que, gracias a la transformación de nuestro propio corazón y nuestra propia vida, podamos llevar a otros a una relación con Jesús que pueda transformar también sus vidas.

Rústica | 978-0-8294-4211-3 | $15.95

LOYOLAPRESS.
UN MINISTERIO JESUITA
A JESUIT MINISTRY

Para hacer sus pedidos llame al **800.621.1008** o visite **store.loyolapress.com**